大化无痕（第2版）
两化融合助力制造强国

王建伟 著

人民邮电出版社

北京

图书在版编目（CIP）数据

大化无痕：两化融合助力制造强国 / 王建伟著. -- 2版. -- 北京：人民邮电出版社，2021.8
ISBN 978-7-115-55898-5

Ⅰ. ①大… Ⅱ. ①王… Ⅲ. ①工业化－产业融合－信息化－研究－中国 Ⅳ. ①F424

中国版本图书馆CIP数据核字（2021）第004947号

内 容 提 要

本书分为"大融合之道"和"强国战略"两篇，从历史的视角回顾了我国工业化发展的历程，对我国为什么实施两化融合、怎么推进两化融合，以及两化融合的成效做了系统的梳理和回答，既从理论上阐述了两化融合的重大意义，也从实践上诠释了两化融合的实施方法和典型案例。本书适合制造强国建设相关领域的决策者和从业者，各级政府及企业管理人员、科研院所研究人员，以及大专院校师生等相关人员阅读。

◆ 著　　　王建伟
　　责任编辑　赵　娟
　　责任印制　陈　犇

◆ 人民邮电出版社出版发行　北京市丰台区成寿寺路11号
　邮编　100164　电子邮件　315@ptpress.com.cn
　网址　https://www.ptpress.com.cn
　三河市中晟雅豪印务有限公司印刷

◆ 开本：880×1230　1/32
　印张：10.25　　　　　　　　　2021年8月第2版
　字数：204千字　　　　　　　　2021年8月河北第1次印刷

定价：98.00 元

读者服务热线：**(010)81055493**　印装质量热线：**(010)81055316**
反盗版热线：**(010)81055315**

广告经营许可证：京东市监广登字 20170147 号

推荐序一

《大化无痕：两化融合助力制造强国》一书是我的同事王建伟先生在中国两化融合实践中总结思考的结晶。自工业和信息化部成立以来，他致力于两化融合工作，为此历经了无数艰辛。此书付梓，应该是他人生经验的一次升华。

两化融合是中国制造业发展的路径选择。中华人民共和国成立之初，中国工业一穷二白，门类残缺，能力低下，工业品严重依赖进口。经过60余年的努力，到2010年，中国已经建成门类齐全、规模位居世界第一的现代工业体系。中国工业实现了从手工作坊和部分半机械生产，发展到以机械化生产为主、部分进入自动化的阶段。与此同时，世界制造工业的强国正向高度自动化和智能制造的方向发展，而我国高端装备受制于人、精密加工工艺落后、部分关键材料依赖进口等大而不强的局面十分明显。300年世界工业发展的机械化、自动化、智能化的历程，由于历史环境、国际竞争格局变迁等种种因素，中国不能重复。能不能、如何去弯取直，加速进程，成为中国工业界战略思考的核心问题。从战略的角度来看，这个变革过程有两个关键变量：一是信息成为与材料、能源并重的工业发展基础资源，而且信息流具有带动资金流、物质流、技术流、人才流的特征；二是信息技术与工业技术逐渐融合，两种技术融为一体成为推动制造业加速自动化、走向智能化的技术基础。党中央、国务院敏锐关注到这一历史变革，做出了一系列重大部署。从 20 世纪 80 年代初开始，国家通过科技专项和应用示范持续推动制造业信息技术的创新和应用。为全面认识这一历史性变革，抓住机遇，原国家计划委员会在 2000 年布置了"信息化带动工业化，加速现代化进程"的研究课题，两化融合由此浮出水面。2007 年，两化融合被写入中央建议；2012 年，两化深度融合再次被写入中央建议。2008 年，工业和信息化部成立，推动两化融合是工业和信息化部的重要职责之一。

超过半个世纪的中国两化融合的实践蜿蜒曲折、波澜壮阔，当信息技术在工业领域开始应用时，中国工业的机械化还处于发展初期，经验、知识、人才、资金的积累与发达国家相比差距甚大，学习、模仿成为必然的路径选择。从自动控制起步，经由计算机辅助设计、测试、制造，到计算机集成制造系统，从制造过程延伸到管理的企业管理信息系统，将制造、管理、供应链、销售和服务连接起来的企业资源管理系统以及细分领域的深化，例如，制造执行系统、供应链管理、客户关系管理、企业间的电子商务等技术的应用。几十年间，不断积累的成功经验，不断推动创新能力的提升，但也有很多不成功或失败的经历，有的过程甚至十分痛苦，例如，企业管理信息系统的推广；有的十分曲折，例如，计算机集成制造系统的发展。2008年，工业和信息化部成立后，根据党中央、国务院的部署和职责要求，积极探索推进两化融合的实践路径，分别在企业、区域、行业提出了两化融合的目标、方向和路径，提出了两化融合标准体系，推动两化融合管理标准成为国家标准，并进一步推动其成为国际标准。多年来，中国在理论、模式、实践上找到了一条符合制造业发展实际、符合中国国情的发展道路，两化深度融合成为中国制造业发展的一个风向标。

聚焦智能制造，实现"制造强国"的目标，两化融合任重而道远。中国的制造业面临从机械化到自动化、自动化到智能化的双重变革的特殊格局，两化深度融合的历史使命依然需要去奋力拼搏。

王建伟先生的力著，既是实践的总结，也是理论的分析，更有面向下一阶段工作的思考。相信感兴趣的读者一定可以从本书中获得收益。

工业和信息化部原副部长
北京大学教授

2017 年 7 月 19 日于旅途中

推荐序二

制造业历来是推动一个国家、民族乃至一种文明发展的重要因素。众所周知,在人类从奴隶社会向封建社会转型的过程中,中国较早地发明了冶铁术和铁质农具,从而在此后数千年的农耕文明社会中一直处于全球发展前列。

18世纪,以蒸汽机为代表的能源业和机械业的出现促进了工业革命的兴起。以大机械生产为代表的全新劳作体系推动人类社会完成了由封建社会向资本主义社会的过渡,世界政治经济格局也因此发生了巨大的变化。1820年,中国的GDP仍占世界的33%,但是仅仅20年之后,清朝就在英国发起的第一次鸦片战争中失败,自此开启了中华民族长达100多年的屈辱历程,而中国在世界经济中所占的比重也迅速下降。

为了改变落后面貌,前赴后继的有识之士持续不断地进行着"工业强国"的努力。19世纪60年代到90年代,晚清洋务派发起了洋务运动,他们着眼于引进西方先进的军事装备、机器生产和科学技术,提出"师夷长技以制夷",希望以此抵御外国的入侵。中日甲午战争后一直到五四运动前后,一些民族资本家和爱国人士又纷纷提出"实业救国"的主张,大力提倡国货,抵制外国的经济掠夺等。

中华人民共和国成立后,我国政府全面启动了庞大的工业化进程,在一穷二白的基础上逐步建立起完善的工业体系,至今已成为世界上唯一拥有联合国产业分类中全部工业门类（39个工业大类、191个中类、525个小类）的国家。2010年,我国制造业产出占世界的比重为19.8%,首次超过美国成为全球制造业第一大国,在500余种主要工业产品中,我国有220多种产品的产量位居世界第一。

尽管我国已经跻身工业大国之列,但工业化进程远未完成,我们还不是工业强国。工业化是一个过程,是经济落后国家向发达国家转变必经的历史进程,它不仅包括经济总量的增长,还包含人、组织、经济结构、生产关系及生产力等一系列质的重大转型升级。值得重视的是,从20世纪八九十年代开始,随着全球信息化浪潮的兴起,发达国家的政府与企业又纷纷开始积极实施工业的数字化、网络化与智能化。我国政府也及时地认识到这一点,党的十六大提出了"信息化带动工业化",党的十八大又提出了"信息化与工业化深度融合",特别是2015年《政府工作报告》明确提出了中国由"制造大国"向"制造强国"迈进的战略目标、指导思想、主攻方向、实施方针、重点任务和行动纲领。近年来国家又积极采取了一系列重要措施,实施了一系列重要行动。其战略发展路线可解读为贯彻"创新、协调、绿色、开放、共享"的发展理念,坚持走中国特色新型工业化道路,以创新发展为主题,以促进制造业提高质量、增加效益为中心，以加快新一代信息技术与制造业深度融合为主线，以推进智能制造为主攻方向，协调发展自主的技术、产业和应用，通过30年（3个阶段）的努力奋斗，实现从制造大国发展为制造先进强国的宏伟战略目标。

在战略路线中加快新一代信息技术与制造业深度融合，即实施"信息化与工业化"两化融合是主线。这意味着，在信息化条件下，要建立强大的制造业，除了要有可靠的"硬部件、硬装备"，还要有过硬的"软部件、软装备"。因此，相关文件对于新型工业的基础除了强调基础材料、基础技术、基础工艺、基础零部件等与工业密切相关的传统"四基"外，还强调要构筑"一硬"（自动控制与感知）、"一软"（工业核心软件）、"一网"（工业互联网）、"一云"（工业云与智能服务平台）的新基础，这4个新基础无一例外都与信息化密切相关。两化融合事业既与近代以来无数仁人志士追求的"技术救国""实业强国"一脉相承，同时也是制造业发展在当前历史条件下的必然要求。两化融合目标的实现，不仅承载着我们百余年来的"制造强国"理想，更肩负着"中华民族伟大复兴"的历史使命。

王建伟长期参与我国两化融合的战略策划、计划领导与实施实践，本书是他的经验总结。

本书从"历史跨越""智能制造""制造强国"等几个维度进行阐述，从中国工业发展的起源开始，一直到两化融合理念下对未来民族产业发展进行了展望，其中涵盖我国不同时期工业发展的不同状态与特征。夹缝求生的产业萌芽、一穷二白的艰辛初创、体系平稳后的发展瓶颈、"工业4.0"时期的时代际遇等,每一段历程都留下了开拓者们的印迹,每一段历史也都值得我们铭记与考量。

除了中国工业的发展历程与未来展望之外,两化融合理念的战略意义也是本书探讨的重点。从民族生存发展的角度而言,信息化生产、销售体系的建立,对于我国的经济转型有着无可替代的重要性,而更为先进的产业体系,对我国在世界生产贸易链上的助推力量也是不容小觑的。

两化融合理念的推行,于外承载着中华民族伟大复兴的历史重任,于内也在默默地推动着我国产业体系的转型升级。供给侧改革、区域经济的可持续发展助推改造、行业的跨界大融合……要想完成从"工业大国"向"工业强国"的转变,我们离不开两化融合的力量。凡此种种,值得我们去书写与见证,而这也是本书想要重点阐述的部分。

此外,本书对于智能化生产制造体系也有较为详尽的梳理:对云计算、物联网、"互联网+"以及大数据等更先进的生产理念给出了全方位的解析,智慧工厂、智能车间、虚拟现实技术以及企业的智能化管理导入在本书中也都有深入的探讨。

所谓"一时劝人以口,百世劝人以书",相信本书多方位的阐述与举证,必然有助于相关领域的决策者、从业者更深入地理解两化融合,更好地参与到"制造强国"建设事业中,值得相关人士阅读。

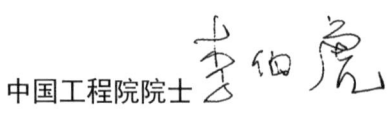

中国工程院院士

2017年8月于北京

自　序

砥砺奋进的五年
两化融合：迎接新起点，展望新机遇

回顾过去，两化融合工作逐渐积聚起更多的社会资源，广大企业的积极性和主动性越来越高，信息化条件下的企业竞争能力不断增强，信息技术应用和商业模式创新持续促进产业结构的调整和升级，不断提升工业发展的质量和效益。展望未来，我们要创新工作思路，形成发展合力，开辟一条务实有效、融合创新的两化融合发展之路，推动我国工业转型升级，助力"制造强国"和"网络强国"建设。

融合发展成效显著

党的十八大以来，我国两化融合发展取得了一定成效，正步入深化应用、变革创新、引领转型的新阶段，在改造提升传统产业、培育新模式新业态、增强企业创新活力等方面的作用逐步增强。

一是两化融合政策体系日臻完善，两化融合协同工作机制正在形成。《国务院关于积极推进"互联网+"行动的指导意见》《国务院关于深化制造业与互联网融合发展的指导意见》《国家信息化发展战略纲要》《信息化和工业化融合发展规划（2016—2020）》《"十三五"国家信息化规划》等一系列文件发布，两化融合的内涵和思路不断丰富和创新。我国还制定了《工业企业信息化和工业化融合评估规范》，建立了较为完善的企业两化融合评估指标体系和评估模型，形成了国家、地方政府、企业等多层次的两化融合评估协同工作体系等，覆盖国家、行业、地区的两化融合协同工作机制正在形成。

二是两化融合水平不断提升，对传统产业的提升作用显著。2016年，全国两化融合发展水平为50.7，突破中值线（50），我国两化融合发展已属中上等水平。《中国两化融合发展数据地图（2016）》显示，2012—2016年，我国企业两化融合发展意识不断增强，我国两化融合水平稳步提升，年均增长率为3%，各年增长率均在3%左右。2016年比2015年增长了2.2%，增长速度有所放缓。

从不同规模企业两化融合发展水平来看，企业两化融合发展水平和企业规模呈正相关关系，随着企业规模的扩大，企业之间两化融合发展水平差距逐渐缩小。2016年，特大型企业、大型企业、中型企业和小微企业的两化融合水平分别为65.3、59.4、48.5和37.2。

从不同性质企业的两化融合发展水平来看，国有企业两化融合水平仍处于领先地位并稳步提升,民营企业推进两化融合内生动力充足,两化融合增长势头明显,外商投资企业两化融合水平增长缓慢。2016年,国有企业两化融合水平达到56.8,仍处于领先地位,作为两化融合实践的先行者发挥着积极的带动作用。民营企业与国有企业的差距逐渐缩小,2012年其两化融合水平比国有企业低37.2%,到2016年缩减到16.6%,其覆盖面大、灵活性强,两化融合水平增长势头强劲。外商及我国港澳台投资企业的两化融合水平比2015年增长了0.2%,增长速度放缓。

从不同行业的两化融合发展水平来看,我国重点行业两化融合发展水平沿产业链呈现"三峰双谷"的波动态势,能源、电子信息、服务业的两化融合发展水平较高。不同行业通过两化融合进行核心竞争能力打造的关注点各有侧重,原材料行业最关注生产管控和经营管控类能力,装备行业普遍致力于提升研发创新能力和生产管控能力,消费品行业在打造用户服务和供应链管理类能力方面最活跃,电子信息行业最关注生产管控和供应链管理类能力。

从不同区域的两化融合发展水平来看,我国两化融合发展水平总体呈现"沿海高、内陆低"的态势,江苏省、山东省、广东省、上海市、浙江省两化融合水平位列前五。全国两化融合总体得分梯级分布特征明显:第一梯队集中在东部沿海地区,江苏、山东、广东、上海、浙江、福建、北京、天津等省(自治区、直辖市)既是我国两化融合水平最高的地区,也是我国经济相对发达的地区；第二梯队集中在中东部地区，辽宁、湖南、河北、宁夏、重庆、河南、湖北、安徽等省（自治区、直辖市）传统产业聚集，两化融合水平处于第二梯队；第三梯队散布于东北、华北、中西部等地，包括四川、陕西、内蒙古、山西、新疆、吉林、贵州、海南等省（自治区、直辖市）；第四梯队包括广西、黑龙江、江西、青海、甘肃省（自治区、直辖市）。

总体来看，当前，信息技术在我国企业研发、生产、经营、管理等环节的渗透不断加深，数字化研发设计工具普及率达61.1%，关键工序数控化率达45.4%，制造企业在精益管理、风险管控、供应链协同、市场快速响应等方面的竞争优势不断扩大。

三是制造业智能化发展取得新进展。制造企业的生产设备智能化改造步伐加快，综合集成水平持续提高，一批企业初步具备了探索智能制造的条件，智能机器人、增材制造、智能家电、智能汽车、可穿戴智能产品、移动智能终端等产业快速发展。2016年，我国智能制造就绪率为5.1%，比2015年增长0.7个百分点。从不同行业的智能制造就绪率来看，电子行业智能制造就绪率最高，达8.5%；石化、医药、交通设备制造行业的智能制造就绪率略高于全国平均水平。

同时，具备智能制造基础和经验的企业逐步涌现。南京钢铁集团、中国石化镇海炼化公司、三一集团、山东青岛红领集团等企业致力于生产计划、生产调度、生产现场作业、物料平衡的智能化闭环管理和多层次动态优化；鲁泰纺织、上海外高桥集团、南车株洲电力机车、宁夏共享集团等企业致力于实现快速响应客户需求的智能化定制研发，加强工业产品的研发设计、工艺设计、生产制造的智能化协同闭环管理；徐工集团、江苏电力等企业致力于对企业运营全景进行实时监测和深度挖掘，开展智能决策；北京四维图新、厦门金牌厨柜等企业致力于基于用户行为数据和市场信息的大数据分析，提供智能化增值服务，持续提升客户的体验。

四是基于互联网的新模式新业态不断涌现。随着两化融合的不断加深与延展，促进企业管理优化、组织变革、商业模式创新的效益不断显现，服务化转型、大企业"双创"、企业互联网化等已经成为企业转变发展方式、实现高端化创新发展的重点方向，不断涌现的新模式新业态，正逐步成为制造业转型升级的新动能。同时，互联网与制造业的融合发展，催生了网络协同制造、个性化定制、服务型制造等新模式，工业云、工业大数据、工业电子商务等新业态蓬勃发展。

服务化转型亮点纷呈。制造业逐步从生产型制造向服务型制造转变、由单纯提供产品向提供全价值链服务转变。我国制造业服务化转型主要体现在远程在线服务、产品全生命周期管控与服务、网络精准营销、个性化定制4个方面。其中，远程在线服务和产品全生命周期管控与服务方面是制造业服务化转型的重点领域。

"双创"平台不断涌现。两化融合的持续推进为大企业"双创"创造了良好的前提条件，搭建并运营协同创新平台是大企业开展"双创"的典型形式。2016年，我国搭建并运营协同创新平台的大企业比例为47%，比2015年增长了2.4个百分点，表明我国大企业"双创"活力持续增强。

企业互联网化蓄势待发。企业互联网化是企业推进两化融合的一种具体实现形式，在企业互联网化过程中要充分发挥互联网在生产要素配置中的优化和集成作用，在对企业的商业模式、营销模式、服务模式等外在形态进行重构的基础上，进一步驱动企业管理模式、研发模式、运作模式等内在形态的重构。2016年，我国互联网化指数为32.7，比2015年增长7.5%。从具体来看，我国企业互联网化主要集中在数据应用和企业互联两个方面。

有序推进科学引领

党的十八大以来，我国两化融合不断发展，在实践中积累了丰富的工作经验，为开展下一步工作奠定了坚实基础。

加强战略部署，抢抓发展先机。为全面抢抓尚未完成工业化情况下的信息化先机，党中央、国务院对两化融合工作做了及时全面的战略部署。党的十五大首次将信息化提升到国家战略高度。党的十六大提出，以信息化带动工业化、以工业化促进信息化，走新型工业化的道路。党的十七大提出，大力推进信息化与工业化融合。党的十八大进一步提出两化深度融合是我国走新型工业化道路的重要途径和必然选择。两化深度融合是两化融合的继续和发展，是两化融合在一些关键领域不断深化、提升和创新，是指信息化与工业化在更大的范围、更细的行业、更广的领域、更深的层次、更实的应用、更多的智能方面实现彼此更紧密的关联、交融与合作。尽管实践在不断发展，认识与理论也在与时俱进，但两化融合的本质并没有变，是党中央、国务院一以贯之的重要战略部署。

牢固发展理念，健康有序推进。《2006—2020年国家信息化发展战略》提出，坚持以信息化带动工业化、以工业化促进信息化；《中华人民共和国国民经济和社会发展第十一个五年规划纲要》提出，坚持以信息化带动工业化，以工业化促进信息化，提高经济社会信息化水平；《中华人民共和国国民经济和社会发展第十二个五年规划纲要》提出，推动信息化和工业化深度融合，推进经济社会各个领域的信息化；《中华人民共和国国民经济和社会发展第十三个五年规划纲要》提出，工业化和信息化融合发展水平进一步提高，先进制造业和战略性新兴产业加快发展，新产业新业态不断成长。在推进两化深度融合的过程中，我们牢固树立了创新、协调、绿色、开放、共享的发展理念，促进了两化深度融合工作的健康有序进行。

完善政策措施，营造良好环境。党中央和国务院先后出台了《工业转型升级规划（2011—2015年）》《国务院关于大力推进信息化发展和切实保障信息安全的若干意见》《国务院关于推进物联网有序健康发展的指导意见》《"宽带中国"战略及实施方案》《国务院关于深化制造业与互联网融合发展的指导意见》《国家信息化发展战略纲要》等一系列文件，对两化深度融合重点工作做出部署，各部门、各地区围绕网络基础设施、信息通信技术产业、制造业信息化、"互联网＋"等制定并组织实施了一系列专项规划和实施方案,稳步推进两化融合相关法律法规建设,修订《中华人民共和国无线电管理条例》《中华人民共和国中小企业促进法》,出台《中华人民共和国网络安全法》《中华人民共和国电子商务法(草案)》等,进一步规范了市场秩序;积极推动移动通信业务转售、宽带接入市场引入民间资本等电信体制改革,加快推进电子商务领域由"先证后照"改为"先照后证",鼓励互联网金融创新,促进电信业务、电子商务、互联网金融等领域健康发展。不断完善的政策措施为营造两化融合健康发展的环境提供了有力保障。

探索工作方法,科学引领发展。顺应信息化环境下企业管理模式和组织流程的变革趋势,工业和信息化部探索出以两化融合管理体系引领企业战略转型、组织变革、管理创新的科学的新机制。一是通过绘制两化融合发展数据地图实现精准施策。2016年,工业和信息化部依托两化融合评估平台对全国60个细分行业、31个省(自治区、直辖市)的73000余家企业两化融合发展情况进行监测、评估、诊断和对标,积累了1000万余条企业两化融合数据,通过大数据分析绘制形成了《2015全国两化融合发展数据地图》,精准掌握全国两化融合发展现状、发展重点、价值成效、特征模式及发展趋势。二是组织制定并完成了9项两化融合管理体系国家标准立项,包括《工业企业信息化和工业化融合评估规范》《信息化和工业化融合管理体系 基础和术语》《信息化和工业化融合管理体系 要求》《信息化和工业化融合管理体系 实施指南》等。在两化融合管理体系贯标实施方面,工业和信息化部推动全国超过 4300 家企业开展贯标,近 850 家企业通过两化融合管理体系第三方评定,400 余家机构提供贯标咨询服务。贯标宣贯活动吸引了 20 余万人次参与,形成了全系统谈标准、学标准、用标准的良好氛围。三是在国际推广方面,两化融合管理体系标准被中国、德国、瑞典、日本、韩国、以色列等多国专家认为是体系类标准应用推广的典范,印度政府对两化融合管理体系标准的应用推广成效表示肯定。《工业企业信息化和工业化融合评估规范》理论框架部分已于 2017 年 5 月在国际标准化组织完成国际标准立项。

可以说,两化融合管理体系标准已经成为推动两化深度融合的重要举措和抓手,对引导企业系统、科学地推动两化融合、持续培育新型竞争能力、推动产业转型升级和创新发展、加速"制造强国"和"网络强国"建设具有重要作用。

建立推进机制,合理高效运行。推进两化融合是一项系统工程,涉及面广、任务艰巨繁重,需要全社会的共同参与。自建部以来,工业和信息化部积极推动形成了政府引导与市场主体协力推进的工作格局。一是建立了由政府引导的自上而下工作推进体系。工业和信息化部积极加强与各部委、各地方政府以及央企集团、行业协会的合作,构建了协同推进的工作推进体系。二是建立了以产业联盟为主导的市场化产业生态体系。工业和信息化部支持产业联盟发展,以培育新业务凝聚力量。例如,在工业和信息化部指导下成立了中国制造业与互联网融合发展联盟、中国两化融合服务联盟、工业互联网产业联盟等,北京市、江苏省、广东省、重庆市等针对不同模式培育成立了工业电子商务、工业云、工业大数据、智能制造发展联盟等。两化融合服务队伍通过市场化机制逐渐壮大，形成了包括各类联盟、咨询机构、服务机构、企业等多方参与、合作共赢的生态体系。

迎接新起点，展望新机遇

在新的形势下，推进我国两化深度融合发展任务艰巨。我们要进一步提高认识，增强责任感和使命感，创新工作思路，形成发展合力，开辟一条务实有效、融合创新的两化融合发展之路，为中国经济增长提供强大动力，为促进全球经济增长开出良方，提供中国解决方案。

明晰顶层设计和发展定位，构建两化融合顶层架构与标准体系。一是以两化融合为抓手，协同推进两个强国建设。两化融合是不断演进的长期历史进程，也是立足当前我国经济发展实际提出的战略路径。我们要有持续深入推进两化融合的定力，围绕提质增效、转型升级、创新发展形成中国方案。二是充分结合我国制造业转型升级和创新发展需求，研究提出面向新型工业化的两化融合顶层架构和参考模型，明确两化融合发展的内涵外延、理念原则、重点领域、方法路径、要素构成及其相互关系等，为各界认识两化融合、合力推进两化融合提供通用参考模型，为推进两化融合国际化奠定理论基础。三是坚持完善标准引领两化融合发展的新模式。以两化融合顶层架构和参考模型为指导，总结提炼过去几十年制造业信息化发展的实践

自 序

经验，广泛吸收互联网时代的发展新理念、新规律、新模式，结合产业发展需求，形成两化融合标准体系总体框架，明确两化融合标准建设的重点领域与方向，为两化融合标准研制提供顶层框架和整体规划。四是以两化融合标准体系框架为牵引，制定标准化建设指南，有重点、分步骤地开展急用先行的关键标准研制，统筹规划国际标准、国家标准、行业标准和团体标准的建设，鼓励企业结合自身特色，将两化融合实践中的理念、要素、规律、方法和路径系统总结为标准，并在产业普及推广，形成试点先行、标准规范、全面普及、整体提升的良性运转体系。

强化系统创新，探索形成改造提升传统动能和培育发展新动能的系统解决方案。 系统解决方案能力是推动两化融合的重点和难点，也是推动两化融合的重要着力点。一是推动制造业龙头企业从自身融合发展向输出解决方案演进，鼓励企业将相关服务业务分离出来独立运作。二是支持智能装备制造商基于装备提供互联互通解决方案，拓展涵盖产品全生命周期的解决方案。三是推动互联网企业和信息技术服务商提供软硬一体化的系统解决方案，形成以工业软件为核心，集成系统平台、模块器件、通信设施、基础设施等系统解决方案，培育系统解决方案商单项冠军企业。四是以普及两化融合管理体系贯标达标为抓手，着力建设两化融合产业集聚区，支持制造企业与信息技术企业、互联网企业、咨询服务机构跨界融合，面向各地方、各行业、不同类型企业的个性化需求，突破共性技术，研制涵盖技术创新、流程重构、组织变革、数据集成的两化融合系统解决方案。

完善政策环境，建立健全两化融合发展政策支持体系与金融信用机制。培育制造业融合发展的新生态，关键在于完善政策支持体系、金融服务方式与信用评价机制。一是形成加快产业转型升级和创新发展的一体化政策规划体系。对相关政策规划进行全面梳理和调整，整合国家、省（自治区、直辖市）、市各级战略规划要求，形成加快产业转型升级和创新发展的一体化政策规划体系。二是提高资金支持力度，充分发挥财政资金的分类引导作用，引导小微企业利用公共服务平台开展基础应用，引导中型企业提高综合集成水平，引导信息化应用程度较高的大型龙头企业进行产业链信息共享和协同创新，引导两化融合管理体系贯标企业注重新型能力的培育打造。三是完善财税政策，大规模减税降费和清除不合理收费，进一步加快落实营改增改革试点，推动完善有关制造企业开展新业务的相关税收实施细则，调动制造企业融合创新发展的积极性。四是优化社会信用评价体系。推动两化融合管理体系贯标达标成为金融机构投资授信、企业供应商选择、各类企业社会评价的重要依据，加强其与政策资金、招标投标、品牌推广等重点工作相衔接，逐步将其纳入国家社会信用体系。

夯实基础支撑，加快完善两化融合发展的基础设施与生态环境。打好两化融合发展基础设施建设攻坚战，加强信息基础设施的共建共享，不断完善两化融合"新四基"建设，健全两化融合发展的生态环境。一是完善公共信息基础设施建设。创新信息基础设施规划、建设、运营和投融资机制,打通信息基础设施建设"最后一公里",完善无线宽带设施建设,实现主要公共场所免费无线局域网全覆盖。推动以 IPv6(互联网协议版本 6)为代表的下一代互联网建设和 5G 移动通信技术试商用。二是加强两化融合"新四基"建设。发展自动控制与感知技术,提升制造业数字化、智能化水平;强化工业软件的研制与应用,形成以工业软件为核心的新型制造体系;加快工业互联网的普及应用,切实提升制造业生产装备互联互通水平;建设工业公共云服务平台,开展产品设计、制造、管理和商务各环节在线协同,提升产业链运行效率。三是构建良好的两化融合生态环境。基于全国两化融合服务平台,整合全国两化融合相关资源,为企业提供政策宣贯、需求对接、融资、品牌提升、服务推广、企业展示等服务,形成良好的两化融合生态环境,有力支撑全国的两化融合工作。

加强安全保障,提高工业信息系统和关键信息基础设施安全水平。工业信息系统和关键信息基础设施安全是推进两化深度融合发展的重要基础,从全国来看,工业领域信息安全形势日益严峻,企业对工业信息安全的认识水平有待加强,适应新技术、新模式、新业态的工业信息安全产品、防护理念和防护体系尚未形成,大大影响了两化融合发展成效的充分显现,亟须出台一系列措施来重点加强工业信息安全水平。一是建立工业控制系统安全保障体系,构建安全风险信息采集汇总和分析通报机制,组织开展重点行业工业控制系统信息安全检查和风险评估。二是强化关键信息基础设施安全保障体系建设，鼓励企业建立符合业务需求和标准体系的信息安全管理体系。三是对为企业提供工业信息系统和信息基础设施的建设、运行维护服务的服务提供商以及提供云计算、大数据等系统服务的供应商提出安全建设和保障能力的要求，以确保两化深度融合安全、可控发展。

两化融合工作任务艰巨、责任重大。回望过去，两化融合工作取得了卓越的成绩；展望未来，我们要立足新形势，发扬敢闯敢拼的精神，努力推动两化融合工作迈上新台阶。我们要认真贯彻落实党中央、国务院的重要部署，以两化融合为主线，抢占新工业革命的制高点。迎接新起点，抓住新机遇，携手为"制造强国""网络强国"建设做出更大的贡献。

卫建伟

2017 年 6 月

目 录

• 上篇 • 大融合之道

第一章 挺起工业大国的脊梁 **002**
 1. 大德无形，大化无痕   005
 2. 打开尘封的记忆   009
 3. 由农转工，时代的必然   016

第二章 两化融合，工业强国的必经之路 **023**
 1. 什么是融合？如何融合？   027
 2. 工业技术＋信息技术：一场真正的革命   032
 3. 工业互联网和"工业4.0"：第四次工业革命   036
 4. 工业的融合，信息的融合   041

第三章 两化融合，实现中国工业的历史性跨越 **047**
 1. 大融合之道   050
 2. 新形势，新使命   076

第四章	两化融合，支撑中华民族的伟大复兴	082
	1. 在发展中求索	085
	2. 从进口依赖到自主高端	087
	3. 开启中国制造新时代	096

• 下篇 • 制造强国

第五章	国家战略，实现经济跨越式发展	102
	1. 战略高度	105
	2."制造强国"战略，吹响由大变强的冲锋号	108
	3. 制造业与互联网融合，奏响两化融合的新乐章	113

第六章	两化融合是供给侧改革的超级引擎	141
	1. 唯时之选	144
	2. 重塑中国布局	148

第七章	区域经济，助力中国经济大转型	154
	1. 试验区助推区域经济发展	157
	2. 典型示范引领行业大发展	172

第八章	信息通信，在融合之中再融合	190
	1. 云计算，为两化融合奠定基础	193
	2. 移动互联网，为两化融合打开快捷之门	197

3. 物联网，泛在连接助力融合深化　　201

　　4. 大数据，支撑融合的强大资源　　208

第九章　智能制造，重构未来工业新模式　　216

　　1. 道无尽，术无穷　　219

　　2. 越雷池，创新高　　233

　　3. 赴蟾宫，折月桂　　240

第十章　跨界融合，提升产业核心竞争力　　244

　　1. 由点到线　　247

　　2. 由线到面　　249

　　3. 跨界无界　　254

第十一章　企业发展，打造转型升级新动能　　255

　　1. 千里之行，标准为先　　258

　　2. 行成于思，始于战略　　262

　　3. 对症下药，殊途同归　　270

信息化与工业化融合大事记（2007—2017）　　281

后　记　　291

上篇 大融合之道

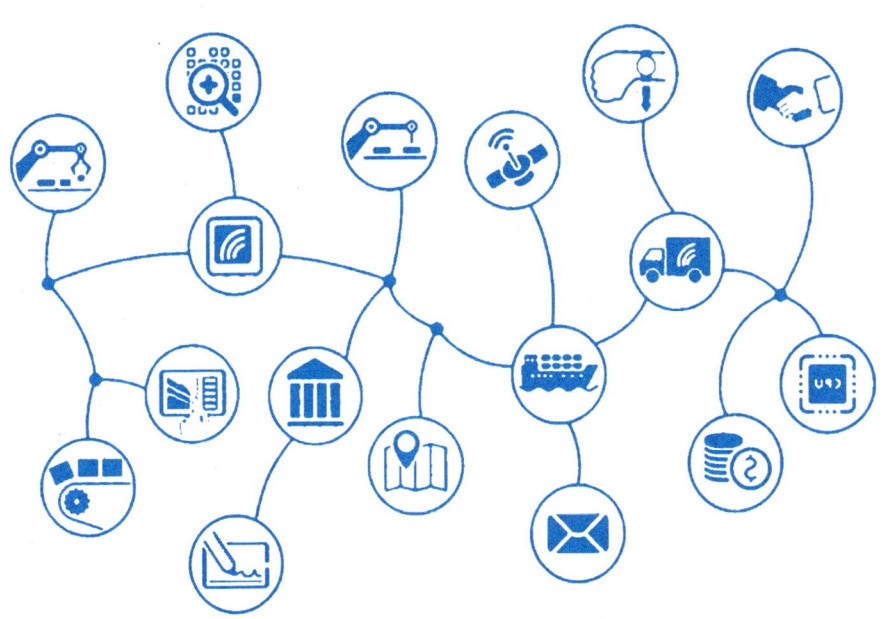

第一章 挺起工业大国的脊梁

人类叩响工业文明的大门之后,世界就迈入了前所未有的高速发展时期。与农耕时代相比,工业化社会对生产力的推动作用是极为明显的,因此,工业体系的进步也标志着一个民族综合实力的提升。

中国近代工业的起点是晚清时期的洋务运动,一批试图寻找富国强兵新道路的探索者迈出了具有突破性的一步。事实证明,中国早期工业的发展是受到了多重阻碍的。一方面,倡导者需要应对来自国内保守势力的抵制;另一方面,他们不得不依赖西方列强。很显然,这种时代背景并不是培育民族产业的优质土壤。中华人民共和国成立之后,我国的民族工业才获得了前所未有的发展,在全新形势的推动下,中国吹响了振聋发聩的工业化号角,挺起了工业大国的脊梁。

第一章 挺起工业大国的脊梁

我的报告厅
REPORT

近年来,虽然我国制鞋业的信息技术应用水平有较大的提升,并在节能降耗、绿色生产、促进传统产业转型升级等方面取得了长足的进步。但与此同时,我们也应当看到自身存在的不足。现阶段,我国的信息化应用还局限在以"点操作"为主,信息的集成面比较窄,上传和下达还没有形成自动网络。

——在 2012 年 8 月"制鞋行业两化融合培训交流会"上的发言

改革开放以来,我国工业实现了高速发展,取得了举世瞩目的巨大成就,但这种发展和成绩是建立在高耗能、高污染、高投入、低效率、低附加值、低安全性的粗放型发展模式基础上的。时至今日,我国环境污染、产能过剩、能源消耗高、工控安全等问题频发且日益严重,改革迫在眉睫。两化融合通过信息技术在工业领域内全业务、全产业链的应用,能够从根本上实现企业的节能、减排、降耗以及安全生产等目的,继而成为我们改革旧有发展模式、突破资源环境承载能力制约、实现经济社会可持续发展的根本途径。

——在 2015 年 4 月电力行业信息化技术创新大会上的发言

1861 年"洋务派"创办了安庆内军械所,1862 年安庆内军械所自主研制出实用蒸汽机,标志着中国近代工业的起步。

民国时期，我国的工业发展非常缓慢，可以说是一穷二白，长江流域只有一些零零星星的制造企业。2010年，我们有200多种工业品的产量居于世界领先地位，是名副其实的制造业大国。西方国家是"先工业化再信息化"，但我们不同，我们是在进入工业化中后期才遇上信息化浪潮。党的十七大提出推动信息化和工业化融合，走新型工业化道路，实现跨越式发展；党的十八大提出推动工业化与信息化深度融合，工业化与城镇化良性互动，城镇化与农业现代化项目协调发展，走中国特色的新型工业化、信息化、城镇化、农业现代化道路，四化同步发展。

——在 2017 年 5 月"制造业与互联网融合发展深度行（武汉站）大会"上的发言

1. 大德无形，大化无痕

众妙之门

老子说："同谓之玄。玄之又玄，众妙之门。"

"大化无痕"追求的是一种"润物细无声"的过程，在这个过程中，被"度化"的客体会悄无声息地置身于运动、前进和发展的状态中。延伸到社会层面，随着历史的演进，社会发展总会呈现出一定的潮流大势，演绎出历史发展的必然性。

老子所说的"玄"，是一个哲学的概念，老子将其理解为宇宙万物奥妙的总门径。因为运动使事物总是处在一种不断变化的状态之下，所以万物就变得"玄妙""深远"，同时难以看清。运动的过程是永无止境的，因此变化也在时时处处发生着。"众妙之门"就是指万物因运动而美妙，万物动，动则变，变则进步。这对应着"大化无痕"的过程，顺应着人类历史发展的规律。人类文明的发展阶段仍然在不断翻新。

工业文明将人类带入了一个全新的时代，新奇的生活体验与便捷的生活方式让我们受益颇多。毋庸置疑的是，工业生产取代农耕作业对于世界的推动力是巨大的。在最近的300年中，人类文明前进的步伐明显加快，以前一件工具从应用到普及，常常需要绵延数百年；而现在，一项新的研究成果面世之后，它从普及到被淘汰的时间往往也就几十年甚至更短。很显然，信息技术的介入就像是一支强效催化剂，为人类社会的高速前进注入了新鲜的活力。

中华人民共和国成立之初,很多工业生产需要依靠大量的人力、物力才能完成,这在安全性和生产效率上往往存在巨大的缺陷。而随着科学技术的发展,大部分人力要素逐渐从生产中被移除,取而代之的是更精准的计算机监测和控制。

我国的民族工业已经在信息化建设方面取得了突破性的进展。在企业内部,合理的信息化设备应用帮助工人们提高了作业效率与工作精准度,很多原本难以攻克的难题,现在也能得到解决了。而在企业之外,物资核算、交通运输、GPS定位、产品检验、交接入库等,也已经与信息化建立了不可分割的联系。

信息化的生产方式帮助商家建立起了更合理可靠的监督、管理体系,通过大数据分析,投资者对相关市场的饱和或紧缺了如指掌,同时,库存数据与生产线配货又可以清晰地反映出供货方供给能力的强弱。此外,通过对生产资料的来源与现有库存的分析,投资者还可以精准地计算出原料供应情况,并做出是否需要进一步投资的决定。

可以说,信息化的推动力是非常明显的。在更透明、体系化的运营模式之下,各个行业都加快了自己的发展步伐,彼此之间也建立了更紧密的关系网络。一个企业如果拒绝将信息化引入自己的运营中,那么若干年后,它将被整个市场机制抛弃,因为它根本无法找到商业合作的伙伴。

当然,信息化对民族产业的作用并不是单向的,它在有效推动我国民族工业发展的同时，也享受着工业进步的成果。工业化的进步会为信息技术提供更为强劲的动力。目前，我国信息技术的发展正处于上升期，产业的进步会为国家综合实力的提升带来巨大的推动力，进而为信息技术的发展提供更可靠的生存空间。

在不断进取的同时，我们也应该反思。如何消除工业化进程中的隐患？我们能否找到一条更加高效、健康的发展道路？很显然，在这个大融合的时代，想要单从工业技术的角度来解决问题是不切实际的。反过来说，只发展信息技术而忽视相关产业，同样也会让信息化发展陷入脱离实际的误区。两化融合为国民经济带来了难以估量的发展动力，而作为融合主体，信息技术与工业基础也并不是孤立存在的，它们是相辅相成、不可分割的。当前，两化融合的理念得到了世界各国的高度重视。

道法自然，羽化无痕

中国的工业化发展历经了风风雨雨。而在这个不断求索的过程中，无数先驱者同时开展了将信息化与工业化相结合的尝试。世界历史上有很多民族在进行本国工业化与信息化建设的时候，遇到了各式各样的障碍和阻力，例如，生产体系变革带来的失业潮，机能异斥带来的经济危机。这些发人深思的事实，其实都在时刻提醒着中国：推进信息化建设，是一项无上光荣又注定充满荆棘的工程。而真正利国利民的施政方针，需要在保护国家和人民利益的基础之上展开。因此，合理地完成中国的两化融合改造，做到真正的"大化无痕"，就成了无数开拓者的历史责任。

2008年前后，传统工业强国——德国出现了经济波动，甚至有一大批百年企业纷纷宣告破产。实际上，德国发生的工业危机不单单是人才储备耗尽的结果，更是德国在世界产业发生潜在变化的时期没有处理好工业化与信息化"良性融合"导致的负面反应。

德国人在工作当中历来崇尚严谨，他们习惯于将每一份工作都做到最好，这种态度为他们带来了荣誉，但这无形中也是一种负担。过度的赞美让不少德国从业者变得盲目乐观，因此当现代工业追求更高精准度、更多元化功能、更高科技含量的时候，德国从业者那一套成熟但却相对滞后的运作理念成了阻挡本国工业进一步发展的顽固力量。所谓"日中则昃，月盈而亏"，德国国内传统民族工业的过度成熟，导致其如今在产业转型升级上困难重重。

其实，同样的问题在中国的工业发展之中也偶有出现，只不过我国的工业体系发展起步较晚，而这种"稚拙"的状态，在变革来临之际却意外地成了上升的潜力。正所谓"祸兮，福之所倚；福兮，祸之所伏"。本来应当被视为劣势的方面，到头来却成了工业化与信息化发展的推动因素。

而要推动两化融合的进程，我们首先需要考虑的就是找到实现国家产业转型与升级的最佳方法。

中华民族历来是一个尊奉中庸思想、倡导用温和政策推动社会变革的群体，因而与其他国家相比，我国的两化融合指导思想也理应符合这一传统。就如同经济学中强调的"软着陆"理论，执政者需要尽可能地减少机能异斥带来的破坏，只有这样，才能保证不同经济体制之间的顺利融合。实际上，这样一种带有强烈东方色彩的哲学理念，早已在中国大地上蓄养起了浓烈的社会氛围，无论什么事物置身其中，都必须接受它的潜移默化的影响。

在一套完整的工业体系中，所有产能要素必须各司其职、互相支撑，最后构成相对稳定的结构形态。而当这个工业体系面临变革的时候，结构的各个要素就会发生联动式变化，最终实现持续发展的目标。

当然，推动两化融合进程、加快民族产业升级，并不是一朝一夕的事情。想要有序地推进两化融合，社会各界需要万众一心，经受住艰苦而又漫长的时间考验，才可能实现这一目标。

2. 打开尘封的记忆

古人说："前事不忘，后事之师。"要想对民族产业发展有一个更加科学、合理的认知，我们理应对中国工业的发展历程有所回顾。心理学家往往强调童年记忆对于一个人的重大影响，其实一个民族的产业发展亦是如此。对于中国工业来说，初期动荡不安的时局与保守落后的社会主流思想，严重阻碍了它的前进道路。不过，多灾多难的往事也愈加激发起了中国工业从业者奋发图强的决心,在极度困难的条件之下,一代又一代的有志之士前赴后继,创造了一个又一个的奇迹。他们在为中华民族在国际上增光添彩的同时,也为我国的现代化建设铺平了道路。

在历史夹缝中艰难前行

与西方诸国的工业文明有所不同的是,中国的工业化进程是在历史夹缝中诞生的。鸦片战争的失败,让部分有志之士静下心来考虑建设本民族的工业体系,这就推动了历史上洋务运动的产生。但是,对于这些努力,当时的执政者却将信将疑。以慈禧太后为代表的"守旧派",对新生的工业萌芽进行了选择性的扶持,这种犹豫、暧昧,甚至裹挟着傲慢与偏见的态度,让中国早期的工业化进程步履维艰。

1861年,曾国藩在安徽主持开办了安庆内军械所,主要制造现代火炮、子弹、枪械等;1865年,李鸿章在上海筹建江南制造总局,生产的主要物件依然是枪炮子弹之类;1866年,左宗棠在福州建立福州船政局,揭开了中国人制造现代化轮船的序幕……

但是,朝堂之上却对此议论纷纷。同治皇帝的老师、大学士倭仁等人就明确表示,礼义和人心才是国之根本,权谋与技术都是投机取巧的旁门左道。他还教育世人,要以"忠信为甲胄,礼义为干橹",并以此对近现代工业文明现象进行批判。

显然,这样一种立足于道德制高点之上的口诛笔伐,对我们国家的工业起步形成了严重的阻碍。在一个特定的时期，以倭仁为代表的"封建大儒"作为全社会的榜样人物，猛烈抨击西方工业文明，自然而然也左右了时代舆论，让原本就处于探索阶段的中国工业举步维艰。

然而，晚清这一批目光长远的开拓者冲破保守势力的阻挠，迈出了中国近现代工业化的第一步。以左宗棠主持开办的福州船政局为例，在最早建立该厂的时候，中国工人对于轮船的认知几乎是空白的，人力驱动的水车式转轮或许就已经是众人眼中"最强大的船体制式"了。正因为如此，左宗棠和两位西洋专家日意格、德克碑签订了合同，高薪聘请他们作为技术专家，督导中国工匠在 5 年时间内建造 15 艘轮船，同时负责学员、船工的训练事务。

5 年后，福州船政局顺利造出 15 艘轮船，基本完成了目标。而在福州船政局的全盛时期，船厂平均每年能够制造出 3 艘现代海轮，最低的单船排水量也达到 515 吨。其中，耗资 36.6 万两白银的"寰泰号"铁胁双重快碰船，排水量更是达到 2200 吨。1888 年，技术更为先进的钢甲舰"平远号"下水，它在很多方面达到当时世界一流的水准，例如，在装甲防御方面，"平远号"甚至在最不起眼的甲板位置也钉上了超过 5 厘米厚的铁甲，超过 2000 吨的排水量也让它在世界重型炮船榜单上占据了一席之地。

从历史发展的角度来看，福州船政局帮助中国培养出了一大批优秀的海军将士与科研专家，这些优秀人才后来也为中华民族的现代工业奠定了坚实的基础。值得一提的是，福州船政局虽然以强化国家海防力量为目标，但从这里走出的优秀学员却并不仅仅局限于此，"中国近代工业之父"詹天佑、著名资产阶级启蒙思想家严复等，都是此中的佼佼者。

自开创以来，福州船政局逐步成为远东地区规模最大的造船基地，共计生产出各式轮船40余艘。短短数十年时间，我国跻身当时世界海军实力前十名。对此，福州船政局的贡献是不言而喻的。

然而，长久以来的闭关锁国，让国家的统治者看不到世界格局已然发生了巨变。此前炊烟袅袅的农耕世界，已经逐步变成了一个由大机器生产主导的全新工业园，工业文明的号角已经在西方各国全面吹响。可是，这一切都被自诩为"天朝上国"的清王朝统治者视为旁门左道。

不光是当朝者对工业文明的到来不屑一顾，当时的社会舆论对民族工业也有颇多微词。更多的人还是将日出而作、日落而息的农耕生活视为"正经营生"，而围绕着工业文明展开的许多活动被视作投机取巧。不单单是福州船政局，其他一些现代工业尝试，例如，安庆内军械所、兰州织呢局、旅顺军港等，也因为生产方式异于传统而饱受非议。

当然，针对早期民族工业的傲慢与偏见是来自方方面面的，以致部分倡导者也会处处碰壁、心灰意冷。晚清名臣左宗棠就在创办兰州织呢局时遭遇重重阻碍，从而失去了最初意气风发、指点江山的气势。他在回应兰州织呢局出品的布料质量不佳时说：

"我们生产的布料虽然不比洋货，但依然是可以使用的。"

左宗棠的话真实地反映了我国早期工业的发展状况，技术受限使我国的工业品质量在资本市场上常常处于劣势。当新的社会现象出现时，它所带来的阵痛往往是无可避免的。

振奋人心的历史镜头

经历了晚清时期的傲慢与偏见之后，我国工业开始了异常艰难的探索。动荡不安的民族现状，又为我国的现代化工业进程蒙上了一层阴影。大多数厂房是由政府投建的，因此从辛亥革命起，一直到中华人民共和国成立前夕，我国民族工业的发展都不顺利。曾经为我国近现代工业发展带来积极影响的福州船政局，就在历史的夹缝中遍尝艰辛。中华人民共和国成立之后，建设者们首先要面对的就是一个满目疮痍的局面，原本就起步晚、起点低，加之战争的破坏，这一切都让我国的现代化工业建设满路荆棘。

但是，工业发展起步晚、起点低并不妨碍我们在中华人民共和国成立之初就取得了令人可喜的成绩。尤其是在那样一个百废待兴的时代，前赴后继的开拓者们为祖国的工业化进程夙兴夜寐，留下了一个又一个振奋人心的镜头。

例如，在交通领域，我们有牛车、马车，但是它们的运输效率非常低下。当然，我们也有一批通过战争缴获、国际援助等渠道得来的外国汽车。很显然，若论实际效用，现代化运输工具是更好的，因而如何快速拥有自己的汽车生产技术、如何快速制造出属于中国人自己的汽车，就成了当时非常迫切的问题。

"制造出中国人自己的汽车"，这个现在看来简单易行的事，在当时的条件下却异常困难。汽车应当使用哪种类型的发动机？这台发动机又应该怎么生产？这些都是当时汽车研发过程中的"拦路虎"。

为实现"制造出中国人自己的汽车"这一目标，并寻求新的工业化之路，重工业部正式组建成立。此前，中国代表与苏联做了互惠约定，因此这一次重工业部成立之后，苏联方面也派来了专家组进行技术指导，而汽车研发就成了本次工业合作的重中之重。1953 年 7 月 15 日，中国第一汽车制造厂在长春西南郊的孟家屯车站附近破土动工，迈出了具有历史意义的一步。

为了方便与苏联的互动沟通，我们将厂址定在了寒冷的北方。过度寒冷使很多设施变得异常脆弱，经不起锤打。而为了赶进度，工人们甚至使用火车头供热的方式来给厂房、工地加热。只有在天气稍好一点的时节，那些覆盖在设备上的雪才会融化。

实际上，这些物质上的打击远远不如技术缺失给我们带来的伤害大。在那个特殊的时期，来自国际方面的压力才是更加让人深感不安的。出于种种目的，部分西方国家对我们的邻国给予了巨大的经济、技术支持，希望借此牵制中国。不可否认的是，一方面，这些敌对因素在一定程度上对中国工业化的进程产生了阻碍作用，但是另一方面，这种严峻的国际形势也让我们更加团结，更加专注地发展民族工业。

1956年7月14日,12辆解放牌汽车从装配线上缓缓开出,这是第一批中国人自己研发制造的汽车,同时也标志着中华民族不会制造大型机动车辆的日子成为历史。翻看历史记录,我们可以清晰地看到当初那批解放牌汽车的主装配置,也可以近距离地触摸到工业先行者们那一番良苦用心。短短两年之后,国产解放牌汽车甚至行销亚洲各国,为改善当地百姓的交通、生活做出了不小的贡献。

汽车制造技术获得成功,意味着中国拥有了自己的造车技术。从更深层次上说,是否拥有现代机动车辆的生产能力,代表着一个国家的民族工业能否完成质变。因为在现代社会中,更高性能的发动机能够在交通运输方面提供难以估量的支撑力。

另外,作为现代化交通工具的代表,汽车的自主化生产也将给其他民族工业带来巨大的影响:我们的工业建材能够更高效地输送了;我们的工业制品能够南北东西随意调配了;我们的工业人才能够在更短时间里奔赴生产第一线了……一切都证明,汽车制造是国家交通运输体系建设当中无可替代的关键性一步,而交通运输又是民族工业的"动脉"。1956年7月14日,注定是中国工业发展史上熠熠生辉的日子。

在更多工业领域,前赴后继的开拓者们也开创了一个又一个振奋人心的历史"第一":1949年,中国的"钢铁脊梁"——鞍山钢铁厂倾出了第一炉铁水,中国的钢铁冶炼事业自此之后蒸蒸日上；1952年，第一辆蒸汽驱动的机车驶向路面；1958年，我们的工厂具备了电视机的制造能力……

从依赖进口到大规模输出，从应用范围狭窄到广泛普及，中国的工业发展就是在这些原本看上去无比孱弱，但却锣鼓喧天的工厂中一步步壮大、成长起来的。历史会铭记这些为祖国工业带来质变的先驱者以及他们创造的奇迹，而这些振奋人心的历史镜头，也必将彪炳史册，永不磨灭！

3. 由农转工，时代的必然

短短几十年，中国逐渐追赶上了新世界的步伐，进入了工业化中后期。"工业大国"的名号愈叫愈响，"世界工厂"开始蜚声国际。尤其在我国东南沿海地区，各大工业集群气势如虹，大有"海阔凭鱼跃，天高任鸟飞"之势。

随着时代的演变和社会的发展，中华民族的农业发展走过了一个又一个阶段。农业的发展是一个漫长的演进过程，随着工业化星星点点的加入，以及信息化的姗姗来迟，农业也终于迎来了一个崭新的阶段。

不过，伴随着新农业时代一同到来的，还有更加艰巨的历史使命，我们不单单需要珍惜今天这来之不易的成果，同时还需要更进一步全力推动农业产业践行两化理念。

一条农业主场的"两化之路"

作为人类文明的发祥地之一，我国有着悠久的农业发展史。

随着时代的发展，社会生产力也在不断进步。如今，工业化的演进开始逐步渗入农业之中，而信息化的起步虽晚，却也对农业的现代化发展大有裨益。

在我国的农业发展史上，工业化的渗透主要体现在生产工具的演变和耕作制度的更替中。

农业生产工具的出现，最早可以追溯到旧石器时期，当时的人类以"采集"为生，过的是"钻燧取火"的生活。这还算不上是真正意义上的农业。随着石刀、石斧、石磨的出现，人们开始懂得种植谷物，并用工具将稻谷从谷壳中分离出来。到了新石器时代，石质工具发生了阶段性的转变，农业完成了由刀耕、火耕向锄耕阶段的进化，在提高土地利用率的同时，也推动了农业的发展进程。到了奴隶社会，农业发展进入粗放阶段，青铜器的出现成为社会生产力提升的重要标志之一。

在这之前，农业的发展靠的是顺应天时，求的是风调雨顺。到了汉唐时期，农业发展进入精耕细作的阶段。水渠等水利项目的兴起，使农业的发展摆脱了"天命"的束缚，较为先进的技术工具使人类在农业生产中获得了更大的主导权。随后，冶铁技术兴起，农具也开始迈向铁器时代。其间，世界上最早的条播机——耧车的出现，成为农业技术高速发展的典范。此后，新型技术开始在农业领域内大范围发展，农具的进化以及耕作技术的演进为农耕文明的发展提供了直接的动力。

近代之后，西方先进的生产技术不断传入我国，农业的工业化发展多体现在科研领域。随着"农学之风"的兴起，以及农业研究所的建成，农业的信息化建设也初具规模。

在 2004 年到 2014 年的十年间，"中央一号文件"从未间断过对信息化和工业化的部署，在国家经济和社会发展的诸多"五年计划"当中，信息化早已被界定为新时期农业农村经济工作的重要支撑力量，其中包括不断促进农业技术集成化、提高信息化服务"三农"水平、提高农业生产经营信息化水平、发展农村应急管理信息化建设体系等多项重要举措。

如今，电话、网络已经在乡村普及，而国内的农业网站也早已达到数以万计的规模。可以说，信息化职能机构在全国的农业部门实现了全方位覆盖。

新一轮工业革命的号角

中华人民共和国成立以来，我国开始了从农业大国向工业强国的迈进：中华人民共和国成立之初，我国 GDP 中的工业占比勉强能够超过 10%，手工业和农业在一定时期内承担起支撑国民经济的重要任务；时至 2007 年，我国工业生产在 GDP 中的占比已经达到 43%，农业和手工业的比重明显减少。

经过几十年的艰苦奋斗，我们建立起了完善的工业生产体系并在技术研发上也取得了可观的成就。民族工业化早期，我们致力于基础设施建设，例如，修筑铁路、改善河运等。

在 21 世纪的第一个十年里，我国有 200 多种工业品的产量居于世界领先地位。尤其是一些基础生产材料，例如，钢铁、煤炭、水泥等，更是行销世界各地。在科学技术方面，中国工业也取得了长足的进步。在机电产品领域，我们不仅做到了自主研发、自给自足，同时还有40多类制成品在国际贸易市场上好评如潮，稳居出口榜第一。在大力发展工业的进程中，中国对于一些工业技术落后的国家也伸出了援手，与巴基斯坦、缅甸、坦桑尼亚等国家建立了技术合作关系。

在工业技术稳步提升的同时，我国的工业人口也大幅增长：中华人民共和国成立初期，全中国90%以上的家庭是靠天吃饭的农家田户；到了2010年左右，这个比例已经下降到了50%。与之形成鲜明对比的是，如今全国一半以上的劳动力居住在城镇区域，而一些常年居住于农村的人口，开始从事农副产品种植经营。在这个过程中，收割机、播种机得以大面积地配备，极大地解放了劳动力。

在工业化体系的帮助之下，我国的国民经济取得了日新月异的成就，我们不单单拥有完善的工业体系，而且还可以自主研发出各类工业技术；我们的技术不单单可以完成内部的产能优化，而且还能远赴重洋，为其他国家的发展贡献力量……

以上种种都在昭示着这样一个信号：在过去的数十年间，中国的工业化进程取得了傲人的成就，更加先进的社会形态正在指引着中国人民向着美好的未来挺进。在大机械化生产的时代里，人们将会以更高的效率来实现劳动目标。只不过，当代世界生产链对科技水平的要求可谓是一日千里，单纯的大生产、大制造，或许在极短的时间里就会变为落后的产能。因此，如何在新一轮工业革命中持续前进，就成了党和政府亟须解决的问题。

工业体系的建立并不意味着它已经达到纯熟、一劳永逸的阶段。2013年德国汉诺威工业博览会上，人们首次提出了"工业4.0"的概念，按照这一理论，当前的世界工业体系依然还有上升的空间。事实证明，这样一种猜想完全是科学合理的，短短数年时间，各类信息技术、信息化产品等，已经占据了我们生活的方方面面。

从历史的角度来看，历次工业革命都会对世界格局进行大面积的颠覆和改造，这一点是毋庸置疑的。例如，第一次工业革命的爆发，就为常年内乱不断的英国打开了通往黄金时代的大门。经过近一个世纪的高速运转，英国成为赫赫有名的"世界工厂"。在全盛时期，全球3400万平方千米的土地受到大英帝国的"统治"，世界上三分之一的人口向英国女王"俯首称臣"。而这些剧变是在不到一个世纪的时间里发生的。

可以说，工业革命帮助英国从一个长期积弱、战乱不断的国家，奇迹般地坐到了"世界霸主"的宝座上。更为重要的是，旧有的世界格局被打破，各国开始争先恐后地推动本国的工业化进程，距离我们最近的第三次工业革命帮助美国登上了"世界第一"的王座。眼下我国处在新一轮工业革命蓄势待发的关键性历史时期，我国如果顺利推进两化融合，快速推动产业升级，那么在重构后的世界体系当中占据有利地位，也就是顺理成章的事情了。

现在让我们仔细考量过去数次工业革命之中的关键要素：第一次变革让世界开启了大机械生产的道路；而第二次工业革命的到来，让人类社会迈向了更为优越的电气时代；当20世纪四五十年代以电脑的广泛应用为标志的第三次工业革命到来时，我们梦寐以求的"地球村"也随之到来。因此，当2013年德国率先提出"工业4.0"概念时，"万物联网"的高品质生活，或许就会在未来一段时间里为世界带来更丰富的改变。

可以明确的是，"万物联网"其实就是两化融合的标志性产物之一，在信息产业高度发展的阶段，人与物的交互内联，将会前所未有地契合。而这样一种技术，其实在当今的生产制造行业已经开始了广泛应用。

当然，信息化技术在生产、销售领域的应用，就目前而言更多还是集中在工业制造当中的。2015年，我国的钢铁行业出现了产能过剩现象。这样一种现象实际上是可以通过信息化的技术手段来避免的：通过更高级的大数据处理，生产者将会很直观地看到产业链当中的资源调动、处理情况，并利用宏观运作来达到最优匹配的目的。借此，我国的资本市场结构将会更加理性，以往那种盲目跟风式的生产或交易行为将会得到有效的控制。

总体而言，当前中国正处于一个历史性的变革时期，我们需要在新一轮的工业革命之中占据有利地位,借此迎来中华民族伟大复兴。而两化融合是走新型工业化道路的重要内容,也是顺应产业变革趋势、抢占产业发展制高点的必然选择。

第二章　两化融合，工业强国的必经之路

两化融合要求我们寻求国家产业发展的新方向，以更为科学、合理的方式规划民族的未来。科学技术是第一生产力，这一真理早已得到实践的检验。由此看来，两化融合将会对一个国家的综合实力产生难以估量的影响。

从核心理念来说，两化融合追求的是以信息化带动工业化、以工业化促进信息化、走新型工业化道路，在更新的生产体系之下，信息技术将会扮演更重要的角色。所谓"企业信息化""信息条码化"，所有的生产要素都需要在一套科学、健全的体系之下启动、流转。

我的报告厅 REPORT

创新是一个民族进步的灵魂,没有创新的民族是没有希望的。现阶段我国工业发展面临的主要任务就是引进—消化—吸收—再创新,希望我们用更多的原始创新,完成本国工业由大变强的时代使命。

——在2012年11月"中国大数据创新峰会"上的发言

互联网与工业融合基本沿产业链由下游向上游推进,消费品行业面对着多变的消费需求,最靠近消费者,因此互联网给消费品行业及与之密切相关的零售业带来的挑战是其他任何行业无法企及的。可以说,互联网首先引起的是消费品行业的变革。事实上,这一变革最明显,正处于由深入向引领过渡的阶段,主要表现在以生产者为核心的生产组织模式从大规模集中生产转向按需制造、个性化、柔性化生产。为更好地适应这种变革,在产业链传导机制的作用下,中游装备行业柔性、可重构的生产体系应运而生,互联网对装备行业的影响作用初显端倪,涉及互联网的主要应用包括虚拟制造、柔性生产、运维服务以及智能制造等;位于产业链上游的原材料行业受互联网的影响滞后于下、中游行业,目前仅在生产线能源管控、节能减排监测等局部领域探索应用,真正的变革性影响尚未发生。

——《互联网如何推动工业融合创新》摘录

第二章 两化融合，工业强国的必经之路

可以看到，第三次工业革命是相对于第一次工业革命和第二次工业革命提出的，第一次工业革命是从纺织机的诞生开始的，并以蒸汽机作为动力机被广泛使用为标志。第二次工业革命以电机的发明为起点，以电力的广泛应用为标志，推动生产技术由一般的机械化向电气化、自动化转变。那么，运用云计算、物联网、新一代无线通信技术就是进入了信息化时代，移动互联网给我们的生活带来了很大的便利。另外，它的生产方式由手工劳动转向动力机器生产，转向大规模流水线生产、柔性生产、个性化定制、服务性制造、分布式制造，发生了深刻变革。因此，可以得出一个结论，新工业革命蓄势待发。

——在2014年1月"第四届中国云计算应用论坛"上的发言

从信息技术的长期演进趋势来看，中国目前仍然处于蓬勃发展的阶段，新一代互联网、大数据、智能宽带无线网络、新型显示和软件技术、传感网等信息技术和应用表现出新的发展趋势和动向。新技术向工业体系的全面渗透和融合，将促使信息化成为新型工业化的内生要素，并进一步提升传统产业发展的竞争力。两化融合理念的持续推进，将促进我国经济发展更多依靠现代服务业和战略性新兴产业带动，更多依靠科技进步、劳动者素质提高、管理创新驱动，更多依靠节约资源和循环经济推动，不断增强

长期发展后劲。

——在 2015 年 4 月"电力行业信息化技术创新大会"上的发言

第二章　两化融合，工业强国的必经之路

1. 什么是融合？如何融合？

在工业生产环节，信息技术的渗透越来越普遍，我们之前说工业化、信息化，只是从二者独立的层面进行理解。工业化和信息化前进的脚步从未停止过，然而，纵观国际工业的发展现状，工业生产和信息技术只有相互融合，才能满足现阶段工业发展的需求。

两化融合中的"融合"二字，并非只是简单的组合相加，所谓"融合"，它更多地意味着一种"你中有我，我中有你"的协同发展状态。两化融合体现在产品、技术、管理等多个层面：信息化与工业化在技术层面的融合能够推动技术的创新，使工业生产的控制在信息数据的层面展现出来；两化融合极大地提高了产品的技术含量，使人们日益增长的产品需求获得了一定程度的满足；在业务方面，信息技术能够渗透到企业经营活动的各个方面，这就促进了企业的业务创新和管理升级，也催生了工业信息服务业、工业电子等新兴融合性产业。

喜忧参半的"瘦身"

中华人民共和国自成立以来，在工业发展方面取得了长足的进步。目前，中国在工业制造业净出口榜单上位居世界第一，各式各样的成品、半成品大量进入世界市场，为国家换取了数额可观的外汇。无论是最基本的道路建设、粗钢生产，还是较高级别的轿车出口、船舶订单，我们都能够在世界制造体系中

占据重要地位。

在过去 100 多年的时间里,美国一直以来是发电量和能源消费的大国,这标志着美国在工业生产中不可动摇的实力和决心。但是,到了 2010 年,以上两大指标均被中国超越。

我国每年的发电量超过 40 万亿千瓦时,无论是民生供给,还是生产消耗,都能得到稳定保障。其他基础设施建设,例如,交通设施、水利设施、能源设施等,中国位居世界前列,这为我国的工业发展创造了有利的条件。

然而,对于铺天盖地的"中国制造",一些西方人士也开始了反思和警觉,他们不希望看到中华民族的品牌挤占自己国家的市场。一位名叫邦焦尔尼的美国记者就曾经尝试在一年时间里不购买中国制造的任何产品,大到汽车,小到儿童玩具。但是很快,邦焦尔尼和她的家人就发现,她们很难买到换洗的鞋子,孩子们也因为没有玩具而哭闹不停。于是,邦焦尔尼在生活中变得小心翼翼,因为打碎任何用品都可能导致"无可替换"的窘境。漫长的一年时间过去之后,邦焦尔尼兴奋地恢复了原来的生活习惯,她说再也不想过那种恐慌的日子了。对这一年的经历,邦焦尔尼还写了一本书,名为《离开中国制造的一年》。

可以看到,中国工业在世界范围内已经占据了极其重要的地位。中国工业从不景气到欣欣向荣,取得了令人瞩目的成就。然而,在这一系列成就的背后,却存在着不容乐观的隐患。

中国制造在世界工业体系中处于价值链的中低端,产品附加值不高。美国、德国、韩国对外出口的更多是飞机、高档轿车、超性能计算机以及各类前沿科技产品等。而由于技术因素，我国的生产领域主要集中在劳动力密集型产业，出口的大多是一些服装、玩具、家用电器。"世界工厂"的名字听起来很美，但却暗含着一番苦涩。孟子曾经说过："劳心者治人，劳力者治于人。"其实中国现在在国际市场上扮演的角色，恰好就是那个"劳力者"。我们居于生产链的中低层，在获取回报方面自然是被动的。

除了世界贸易链端的劣势之外，中国在自身产业规划方面也存在很多不足。 对于基础生产资料的发掘和粗加工，国内市场已经极度饱和。根据国家相关部门的调查，进入2010年之后，以钢铁、煤矿、平板玻璃、电解铝、水泥、船舶制造等为代表的多个工业项目出现了严重的"消化不良"。为此，国家在2016年紧急打响了"去产能战役"，要求深入推动工业供给侧改革，为工业经济的健康发展谋求新道路。

2016年，国务院连续颁布了《国务院关于钢铁行业化解过剩产能实现脱困发展的意见》和《国务院关于煤炭行业化解过剩产能实现脱困发展的意见》。经过一年时间，我国钢铁、煤矿资源的囤积现象得到显著缓解。但是，在未来若干年时间里，我国的部分产能过剩问题依然会持续存在，并将成为工业发展道路上的重要负面因素。

另外，工业品的科技含量较低，也是导致中国民族产业在世界市场上难以占据有利地位的重要因素。 我国虽然能够生产出畅销全球的工业产品，但是在核心技术方面，却往往受到发达国家的制约。如何为民族工业注入科技生产力？如何摆脱别国在关键环节的操纵与掌控？这实际上是非常严峻的问题。

这里，我们可以将我国工业的发展现状比喻成一个"大胖子"：与工业基础薄弱的国家相比，它的优势是块头大；但是和真正的工业强国相比，产业结构不良、产能过剩又成了臃肿的"赘肉"，让我国在角逐当中处于不利地位。

所以说，推动两化融合进程，用信息化来引导国家工业发展，更有利于我国加快完成工业的转型与升级。

世界产业变革浪潮下的两化融合

"工业4.0"概念被提出之后，世界工业体系再一次面临重组，作为国际贸易链条当中重要的一分子，中国工业又面临哪些危机和机遇呢？

2000年以后，东南亚及南美各国制造业兴起，中国面临双向挤压的局面。与改革开放初期不同的是，中国职工、劳工的薪酬不断提升，这从一定程度上加速了国际投资的外流。在美国彭博社给出的榜单上，投资者用雇中国职工的钱，可以雇两名菲律宾劳动力，还略有盈余。而在人口数量排名世界第二的印度，35岁以下的劳动力占到全国人口总数的65%。这说明，我国的人口红利已逐渐消减。

人口红利消减、周边国家抢夺企业资源的现象，让中国的工业体系受到挑战。但是，对于这一种现象，我们更应当将它视为一种机遇。目前，中国制造在世界工业体系中的地位虽然不低，但也不高，因此发展空间还是很广阔的。历史证明，每当剧变到来之际,国际格局重新洗牌,最终受益的往往是实力中等的国家。因为在变革中,基础薄弱的势力会因为实力不济而难以紧跟时代的步伐;而老牌强国又常常盲目自信,对新生现象不屑一顾。因此,在这一次世界性的"工业 4.0"浪潮当中,中国工业发展的危机与机遇并存,甚至相对于各类隐患来说,我们面临的历史契机可能要更多一些。

既然说"工业 4.0"对于中国工业是一次难得的契机,那么在本次变革中,中国工业又应当如何找到最适合自己的发展道路呢?中国正处于一个非常关键的变革期,退一步可能会被穷追不舍的东南亚国家迎头赶上,进一步则可能跻身世界工业强国之列。

首先,保护本国的特色是稳步发展的前提。积极求变是好的,但这并不意味着我们需要将过去的理论体系全部推翻。对比中华人民共和国成立之初的举步维艰,我们能够走到今天这一步,已经可以说是创造了奇迹。而且从战略格局方面来说,"步步为营"也是一个更稳妥、更现实的决定。

目前,世界中低端产品生产的竞争日益激烈。针对这种现象,政府需要更加充分地发挥自身职能,利用集群化优势推动工业改革的进程,这就是中国特色工业改革的第一种方法。

其次,多方共赢的联众模式是两化融合的助燃剂。就现阶段而言,创新能力不足是制约中国工业发展的重要因素,同时也是阻碍我国两化融合进程的头号"拦路虎"。要想单纯凭借我们自身的实力快速完成两化融合,其实是非常困难的。因此，与诸国建立友好合作关系，理应是行之有效的第二种方法。

作为发展中国家，中国在推进两化融合的进程中必须保持自身的能动性。从一定程度上来说，西方发达国家确实在现阶段掌握着更多的科技资源，但这并不意味着我们就应当做一个不假思索的追随者，发挥集体优势、群策群力才是良好的合作模式。

总体而言，即将或者说已经到来的"工业4.0"时代，对于中国是一个巨大的考验，但同时也是不可多得的历史契机。可以预见的是，在变革来临时，最容易发生质变的往往是具备一定实力且充满前进渴望的国家，而中国恰好就处于这样一个阶段。

2. 工业技术+信息技术：一场真正的革命

在工业生产中，信息化的加入不仅推动了工业技术的发展，还衍生出了很多新兴的技术和产业，这极大地刺激了产业结构的调整。工业化与信息化的融合也是新时期工业的发展趋势，唯有将工业技术与信息技术精准结合，我国的工业水准才能更上一层楼。

今天再提及工业革命，我们不得不同时关注信息革命，虽然它没有如此"显露"人前，但它作为工业革命背后的推动者而存在，只有协同发展，才能达到双赢的目的。

联姻：发展的平衡点

从哲学的角度来说,"信息"与"工业"这两个核心要素之间,是否存在主次关系、是否能够彼此脱离呢？有些人认为,信息技术是科技的代名词,因此它注定会高于"工业"而存在。但实际上,工业作为两化体系当中的基础性力量,它必须要得到平等对待。"信息"与"工业"两大要素,理应是相辅相成、同等重要的。对于这个观点,让我们从两个事实当中去寻找相应的佐证。

第一个事实是,第二次世界大战结束之后,苏联政府积累了大量的工业产品和生产工具,希望借助工业本身的力量让整个国家迈向新的高度。然而,事实证明,苏联因此失去了成为世界第一的绝佳机会。当时正值第三次工业革命的关键时期,美国政府将重点放在了对人才和技术的培养引进上,于是在本次工业革命中,美国力拔头筹,成为世界头号强国。

这是否就能够说明在两化融合体系当中,信息技术将会占据更高的地位呢？对于这个问题,让我们看看美国科学家关于精神潜能研究历程的例子。

自20世纪60年代开始,美国政府参考以往的经验,决定加大对信息技术的投入,发展精神潜能与超自然科学。

关于这项课题,我们只要看一则非常简单的事例就明白了。例如,如果白宫领导者认为自己的身边被安插了苏联间谍,那么他们就会求助课题专项组,让他们在纸上勾画出间谍的大致样貌和特征,然后按图索骥捕捉"奸细"。

看得出来,这是一门有关超自然科学现象的研究,如果它能够获得成功,那么超时空传输机,或者是其他一些新型产业,也会随之而生。但不幸的是,本次关于精神潜能与超自然科学的研究,陷入了一个"脱离市场"的困境。由政府投资的产业研究并没有良好地调动研发者的热情。而且,类似的项目大都需要技术保密,进入市场遭到排斥,也使它在产业规模的发展上受到了限制。

因此,在耗费了大量的财力和物力之后,由美国主导的精神潜能与超自然科学课题研究宣告破产,这次有可能改变人类世界的产业变革也"胎死腹中"。这就是说,脱离了工业基础与市场,单纯依赖信息技术来推动某一项产业的进程,同样也是不现实的。

通过上述两个事实我们可以看到,当一个民族的产业体系脱离了信息科技之后,它的发展就会减缓。与此同时,单纯追求缺乏产业支撑的信息化发展,也会让研究者陷入思维的泥潭。

所以说,两化融合,不单纯是一次工业的革命,也不是孤立地发展信息科技,而是需要将二者有机地结合起来,共同发展,稳步推进。"工业化"与"信息化"是两个同等重要的命题,工业技术是基础,信息技术是动力,二者缺一不可。

打破"涸泽而渔"的桎梏

每一个行业的诞生都会吸引大批的投资者,他们的努力,一方面会将该产业带上更高的发展平台,另一方面也容易产生

"涸泽而渔"的现象。而对于这样一种现象，两化融合理念之下倡导的科学规划、信息化发展，能够起到良好的引导作用。

两化融合理念的推行，首先将为社会带来枝繁叶茂的"衍生产业"，很多原本不存在或者落后的产业能够在两化体系中得到提炼和升华。工业电子、工业软件、工业信息服务等都是工业化与信息化得到进一步发展之后的产物。

对于产业衍生，我们可以借助一个非常简单的事例来说明。南太平洋上有一个叫瑙鲁的国家，珍贵的矿产资源曾经是它最重要的经济支柱。但产业结构的单一，让瑙鲁政府最终在20世纪90年代陷入困境。进入21世纪，瑙鲁有三分之一的适龄人群处于待业状态，政府也不得不对外寻求帮助，以往那种一掷千金的日子也一去不复返了。

瑙鲁的没落与该国产业结构单一是密不可分的，假如他们有其他商品或者资源可以使用、调配，那么瑙鲁政府也不会在资源枯竭时束手无策了。

另外，单一型产业社会的内部矛盾也是较为激烈的。在封建社会，土地作为最核心的生产资源，被不同的阶层反复争夺，同样的现象在今天却很难大规模出现。因此，产业结构的多元化，能够在一定程度上给社会稳定带来不可忽视的作用。所谓"授之以鱼不如授之以渔"，国家利用两化融合的力量推动新型产业的萌芽与成长才是长远之计。

所以说，两化融合理念的推行，能够很大限度地激发新型产业的出现，进而丰富社会生产体系，这对于国家未来经济的发展是有深远影响的。

另外，由两化融合体系催生出的新型产业，在操作方式和运作理念上，大都具备更高的科技含量和更强的先进性。就工业电子而言，其中最具代表性的汽车电子产业，就是人类告别油气污染、摆脱对石化能源依赖的重要武器。

同时，两化融合理念与可持续发展观也实现了高度契合。在更为科学合理的资源调动和分配下，我们的生产消耗将会大幅度降低；同时，旧有的"三高"产能也将会逐渐退出历史舞台，取而代之的是更为合理的"绿色生产"。可以说，两化融合体系之下的新型产业，大多数改变了传统模式下高消耗的生产模式，这毫无疑问将会把人类社会引入更佳的生存环境中。

因此，两化融合对人类社会的推动作用是显而易见的，由它催生出来的新型产业将会为多元化产业社会贡献不可忽视的力量。与旧有的传统行业相比，工业电子、工业软件、工业信息服务等都具备了更优越的先进性。可以预见的是，两化融合体系将会为我们带来更好的生活体验，它将会推动社会经济快速、健康地发展，同时，百花齐放的多元化经营道路也是提升社会和谐度的良好推动力量。

3. 工业互联网和"工业4.0"：第四次工业革命

制造业是国民经济的核心，我国的制造业总产值约占GDP的40%。作为全球制造业大国，我国被称为"世界制造业中心"。然而，长期以来制约中国制造业发展的创新能力不强、产品竞争力低、核心技术缺乏等诸多问题依然存在,特别是在德国发展"工业4.0"、美国发展工业互联网的背景下,两化融合或将成为中国工业实现从低端向高端、由"中国制造"向"中国智造"转变的重要途径。信息化和工业化的深度融合使工业呈现出数字化、网络化、智能化的三个阶段发展特征,引导传统制造业企业借助移动互联网、云计算、大数据、物联网等新一代信息技术,通过改变原有的产品研发和生产方式,带动中国的制造业转型。

当前,德国的"工业4.0"和美国的工业互联网正处在网络化向智能化转型的过程中。

德国的"工业4.0"

德国是世界上制造业最具竞争力的国家之一,其装备制造业全球领先,尤其在嵌入式系统和自动化工程领域具有很高的技术水平。几十年来,德国已经具备了管理复杂工业流程的能力,成功地应用信息通信技术(Information and Communications Technology,ICT),使不同的任务可以由不同地理位置的不同合作伙伴来执行。德国在2013年将"工业4.0"上升为国家战略,旨在通过打造智能制造的新标准来巩固其全球制造业的龙头地位,确保德国制造业的未来。从本质上来说,"工业4.0"是以智能制造为主的第四次工业革命,即通过网络化实现信息的实时传输。

德国将实现物联网或信息物理系统的技术视为"工业4.0"发展的关键基础,并将"工业4.0"应用发展的关键技术领域分为六大类,包括:通信是在物联网的基础设施中将信息物理系统(Cyber Physical Systems,CPS)网络化的基础;传感被用于每个信息物理系统中以获取重要的生产制造信息;嵌入式系统是传感技术加硬件、智能数据处理与物流操控整合的发展基础;电动执行可以对机械设备进行调整或让事物实现自主操控;人机交互界面是支撑劳动者在复杂性日益提升的工厂中工作的新技术;软件及系统综合了多种技术,用于运行基于数据处理的自动化和自主生产。这些关键技术一方面能够实现"工业4.0"的首要目标,即信息物理系统的分散式操控;另一方面能够实现"云"中的海量数据处理或软件模块化。

此外,"标准先行"是发达国家争夺新兴市场话语权的主要方式,"标准化"是德国在提出"工业4.0"概念后制定的8个优先行动计划中的首个计划。"工业4.0"平台下设一个工作小组,专门负责处理标准化及参考架构的问题。"工业4.0"战略实质上是要求建立一个人、机器、资源互联互通的智能化网络生产体系。在该体系内,海量数据信息的交换、识别、处理、维护等过程必须基于统一的标准。

虽然德国的制造业在全球居于领先地位,但是与美国相比,其互联网技术相对薄弱,因此,德国在推进"工业4.0"的进程中,充分利用制造业优势,通过信息物理系统整合产品、设备及原材料,并结合互联网、物联网等相关技术,全面革新工业生产方式,这将使制造、工程、材料使用和产业链等从根本上得到改善和提升,从而实现高效、智能的工业生产。

目前，相当一部分德国企业已经实现了智能制造且效果显著，其中包括世界著名汽车制造商奥迪公司，该公司的"世界之窗"（Window to The World）系统能够将虚拟 3D 零部件投影到汽车上，进而实现数字世界和物理世界在汽车开发领域的精确对接。不仅如此，其模具部门先进的 3D 打印设备使复杂金属零部件的生产成为可能，智能机床实现了精确度高达 0.01mm 的金属板材冲压，装配车间的机器人能够准确、迅速地向员工传送零部件。此外，定制化服务也因智能制造得以实现，凭借联网流水线，个性化产品可以直接被大规模批量定制，从客户预订到交货只需一个月。

总之，德国"工业 4.0"展现了一幅全新的工业蓝图。在一个"智能、网络化的世界"里，物联网和互联网技术促进形成全新的信息物理系统平台，渗透到各行各业的关键领域，不仅使动态、适时优化和自我组织的价值链成为现实，也发展出全新的商业模式和合作模式，确保潜在的商业利润在整个价值链所有利益相关人之间公平地共享。与此同时，"工业 4.0"也带来了制造方式和产业组织的全新变化，并带动整个制造业的数字化进程。

美国的工业互联网

美国自 18 世纪以来长期保持着制造业在世界的竞争优势。随着贸易全球化与信息技术的飞速发展，美国制造业呈现出"去工业化"的特征，更加注重后端的营销和服务，随之而来的是美国制造业的经济贡献持续下滑、劳动力大量减少。2008 年的金融危机给美国经济带来重创,美国制造业更是面临严峻的挑战。为了保持美国在全球制造业的领先地位,奥巴马政府于2009年大力推行"再工业化"发展战略,同年12月公布了《重振美国制造业框架》。美国"再工业化"旨在鼓励制造企业重返美国,振兴国家的制造业体系,激发制造业的新活力。

"再工业化"并不是简单地复制美国的传统制造业,而是希望通过领先技术与工业的结合,重塑国家的制造业体系,形成新的竞争优势。2012年,美国通用电气公司(General Electric Company,缩写为"GE")首次提出了"工业互联网",随后联合思科、英特尔、AT&T等IT公司组成"工业互联网联盟"(Industrial Internet Consortium, IIC)。工业互联网是指利用信息物理系统将人、数据和机器连接起来,由智能设备采集大数据,利用智能系统进行数据挖掘和可视化展现,形成智能决策,为生产管理提供实时判断参考,指导生产、优化工艺,实现制造业的数据流、硬件、软件的智能交互。工业互联网联盟主要负责推动通用工业互联网标准的制定、利用互联网激活传统的制造过程、促进实体空间与网络空间的整合。工业互联网意在将其信息通信领域的突出优势与材料、工艺、装备等工业领域的既有优势相结合,推动新一代制造技术与制造模式的创新与产业应用,由此带动美国制造业竞争力的全面提升,重塑其在全球制造领域的领先优势。

美国的工业互联网主要是通过创新引领制造升级,通过推动领先技术的研发与应用,利用信息物理系统将制造业与政府、经济发展组织、大学、研究所、创业企业等组织机构连接起来，构建国家制造创新网络，提升制造业的创新水平，激发制造业的新活力。为了保障创新体系的构建，美国在人才输送和商业环境方面给予了大力支持，综合运用创新、投资、财税、贸易等政策手段，优化制造业发展的技术、劳动、人才、市场等要素条件和环境。

从产业发展来看，美国近年来在先进制造领域的全球领导力和竞争力优势日渐突出，先进制造产业蓬勃发展，高端装备、新能源、新材料等产业快速增长，3D 打印技术正在走向成熟化、规模化，成为拉动美国经济复苏的重要驱动力量。

美国正着力营造低成本、有竞争力的制造业发展环境，制造业综合成本比较优势正在上升。特别是在美国政府的推动下，美国出现了明显的制造业回流趋势。苹果公司把一部分 Mac 电脑的制造从中国转移回美国；工程机械企业卡特彼勒将伦敦的一家工厂撤回印第安纳州，并把原先设立在日本的部分设施迁至美国；福特汽车公司已陆续从中国、日本和墨西哥撤回部分岗位；英特尔公司不断向美国本土的生产和研发部门投入重金，公司 75% 的产品将在美国国内生产；星巴克开始把其陶瓷杯的制造从中国转回美国中西部。

4. 工业的融合，信息的融合

随着社会发展水平的提高，工业领域与信息领域都在寻求更进一步的发展道路。可以预见的是，未来的工业生产与信息技术不可分割，由技术创新带来的生产力，将会从各个方面提升我国的工业实力。

令人兴奋的是,只要技术不断进步,创新就会如期而至。在两化融合理念的推动之下,我国将会获得更为丰富的生产工具,构建更加优越的产业体系。

创新推动生产力

科学技术是第一生产力,这一历经时间检验的真理早已得到了广泛的认同。在审视两化融合的概念时,我们也理应重视科技发展在工业化进程中的重要意义。正如之前阐述的那样,信息技术是推动工业发展的核心,如果失去了先进科技的辅助作用,一个民族的产业进程将会陷入停滞。

19世纪晚期,德国在"铁血宰相"俾斯麦的领导下终于得到统一。但是,长期的战火让百废待兴的德意志人在第二次工业革命即将消逝的历史时期难以有所作为。事实证明,未能抓住本次契机的德国工业遭遇了严峻的"寒冬期",当毗邻的英、法等国已经开始现代化城市建设时,德国人还在无可奈何地进行着一些尝试性的技术研究。落后欧洲30年的德国,在民族工业的复兴进程中遭遇了多重阻力:风头正劲的外国势力不希望有人来分享自己的既得利益,而德国国内满目疮痍的现状,又让执政者无从下手。因此,德国工业从业者选择了一条看上去"较为可行"的道路,那就是利用技术复制来生产别国的先进产品。

由于利润较高,所以在德国的工业体系中一股"拿来主义"之风很快形成,而国际市场对德国人的这一举动非常不满,并进行了各种清算和打击，英国国会甚至在 1887 年将"抵制德产"提上了议程。在会议中，不少议员希望英国海关严禁未明确标识"Made in Germany"（德国制造）字样的德国产品流入本土，目的就是将质量较高的英国商品与"仿冒"的德国货区分开来。这一提案最终于 1887 年 8 月得以通过并实施，德国工业备受国际市场歧视的现象就此达到巅峰。好在日耳曼民族知耻而后勇，他们反思了本国工业发展中出现的问题，并且清晰地勾画出一条以严谨态度、先进科技为基础的产业复兴之路。经过数十年的艰苦奋斗，德国工业终于迎头赶上，成为世界工业体系中的佼佼者。

当前，"中国制造"虽然在世界上有着举足轻重的地位，但是行业领域层次较低、产品科技含量不足等问题也非常严峻。我们要卖出 8 亿双袜子，才能够从国外购入一架飞机。这 8 亿双袜子到底是什么概念呢？假如一双袜子按照 30 厘米来计算，它们连在一起就是 24 万千米，差不多能绕地球赤道 6 周！

再如，手机里镶嵌着大小不一的各种配件，这些工业原料其实并没有什么特别之处，但是不同的科技公司会赋予它们不同的价值。原料国的工人花费力气开采原料，美国人用优良的系统把它们组合起来，使之变成畅销全球的科技制品。但是，在整条生产链上，居于起点的原材料生产者往往是最弱势的受益群。

不过，我们也不需要妄自菲薄。在自强不息的岁月里，我们已经积累下足够多的经验，故而寻找到正确的方向与路径，才是现阶段一个更为重要的任务。一个懂得创新的人才可能获得更大的成功，一个不愿苟且的民族才可能站在世界之巅。要想快速推动国家产业体系升级,就必须要将工业化与信息化有机地结合起来,利用科技创新来为工业发展注入能量。在全球市场,获利最多的永远是那些掌握了优质技术的国家,它们巧妙地运用自己的创造力,为人类文明做出了更突出的贡献。但我坚信,中国与世界一流的距离并不遥远,中华民族亦是一个敢于创新、不断进取的强大族群。历史已经证明了创新的强大动力,我们唯一需要做的就是保持正确的方向,砥砺前行。

信息产业的多元舞台

随着信息化的发展,智能网络开始迅速普及,一种名为内容分发网络(Content Delivery Network,CDN)的智能虚拟网络于2016年开始上线运行。在互联网的信息传输过程中,我们往往会在稳定性和速度上遇到麻烦,而CDN避免了这些缺陷,为信息传输提供了可靠的保障。

CDN的操作核心在于节点服务器,这些服务器被分置在网络各处,通过实时连接和流量监控判断网络状况,并计算用户的距离和响应时间,以便为用户安排最近的服务点。这一工作的目的就是让用户就近取材,从而缓解互联网的拥挤状况,提升网络运转的速度。

2016年12月,工业和信息化部为网宿科技和阿里云颁发了CDN业务经营许可证。自此,CDN牌照时代来临。随着两化融合进程的推进,信息化产业开始大范围发展,取得CDN牌照的企业也逐渐增多,时至2017年,帝联科技、腾讯云、福建光通互联、蓝汛通信以及同兴万点等也获得了牌照。

随着网民数量的增多，网络运转速度一直是业内人士关注的问题，CDN 技术的出现自然就成了市场发展的焦点。既然是益于发展的技术，就会有很多企业希望搭乘这趟"快车"，但并不是所有企业都能够获得授牌的资格。为了谋取利益，无证经营、层层转租以及超范围经营等违法违规现象相继出现，极大地影响了 CDN 整体市场的发展。

首先，在 CDN 领域，企业提供的服务质量良莠不齐。鉴于互联网的发展状况，CDN 技术成为相关企业追捧的对象。但是，很多企业提供的 CDN 服务仅仅建立在租用带宽、购买设备，以及搭建简单网络的基础上；有的企业只是一味地转包带宽，对于服务质量却充耳不闻；再加上 CDN 技术针对的是网络服务质量优化，站在用户的角度，原本就很难衡量使用效果。这些因素导致了相关企业及用户对 CDN 技术的认知混乱。

与此同时，业内也没有一项能够明确 CDN 服务规范的章程标准。国内 CDN 技术的收费标准混乱、复杂，企业竞争多打"价格战"，致使行业利润率明显低于国际水平。收费模式混乱加上接收信息不对称，很容易带来"高价格买来低服务"的不良用户体验。

其次，鉴于 CDN 技术能够大范围地设置网络节点的特点，"跨区域服务"正在积极开展实施。但是，跨区域的操作使 CDN 的备案地、接入地以及问题发生地产生了分离，由于协同监管力度欠缺，所以全网联动监管还无法实现。

再次，我国尚未建立合理有效的 CDN 市场信用体系，即便是对 CDN 技术的监管过程，也缺乏一定的数据支撑。

最后，CDN 技术大面积地设置网络节点，在带来覆盖范围广泛的优势的同时，也面临着网络信息安全问题。一些通过串号登录窃取用户信息的行为时有发生，为互联网的信息安全带来了潜在的威胁。

为整顿以上问题，2017 年 1 月，《工业和信息化部关于清理规范互联网网络接入服务市场的通知》发布，该通知指出，未按承诺在规定时间内取得相应电信业务经营许可的企业，于 2018 年 1 月 1 日起，不得经营该业务。此次整顿，不仅剔除了没有运营资格的企业，还极大地提高了 CDN 技术的准入门槛，同时也起到了规范市场秩序的作用。

除了中国移动、中国联通、中国电信三大电信运营商，我国的 CDN 服务企业可以分成 3 种类型，而这 3 种类型的企业也促进了我国信息产业的多元化发展。

第一类是传统的第三方 CDN 服务商，代表企业有蓝汛通信、网宿科技。

第二类是互联网厂商，代表企业有阿里云、腾讯云。

第三类是新兴 CDN 企业，代表企业有云帆加速、网心科技。

纵观 CDN 技术的发展进程，信息化产业的多元化被很好地诠释出来，CDN 在开辟新天地的同时，工业化与信息化的融合也在不断刷新着创新纪录。

第三章　两化融合,实现中国工业的历史性跨越

近年来,中国经济虽然取得了诸多显著的成就,但仍面临许多困难和挑战。此刻的中国,正在面临一次历史性的过渡,而如何实现新的历史性跨越,则成为新阶段的首要问题。

事实上,中国已经完成了一次历史性的跨越。1978年改革开放以来,历经40多年,我国基本实现了工业化,从落后的农业大国一跃成为全球经济增长引擎,并成为世界第二大经济体。

随着全球范围内新一代信息技术与工业发展融合浪潮的升高,我国两化融合的进程也在逐步加快,并致力于从"制造大国"向"制造强国"迈进。

在两化融合体系之下,智能化产销是最关键的理念要素。通过新生产理念的践行,传统的产销链条结构将会被打破,由此引申出的新商业模式将会成为国民经济的生力军。在此,多方共赢的价值链协同、各市场要素的深度共享,将会构成各产业发展的新常态。

我的报告厅 REPORT

大力推进两化融合,是中央着眼于我国经济社会发展进入新阶段做出的重大战略决策,是工业和信息化部的首要任务、立部之本,也是全系统的共同责任和历史使命。两化深度融合工作的推行,能够有力促进产业结构调整升级,实现工业发展质量和效益的全面提升,促进商业模式的创新和信息化条件下企业竞争能力的增强。

无论是德国的"工业4.0"还是我国的两化融合,都是一个渐进的过程,都不可能出现超越某一阶段的跃升式发展。只有从本国国情出发,立足国内产业,以开放和辩证的方式来参考世界其他国家的做法与理念,才能够真正推动产业转型升级,创造新的产业模式,实现产业链的良性互动与可持续发展。

——《"工业4.0"时代到来,我们应该怎么办》摘录

大力推进两化融合理念,对于新时期推动我国经济转型升级、重塑国际竞争新优势具有重大的战略意义。在我国进入经济新常态的大背景下,要坚持走新型发展道路,以智能制造为突破口,推进两化深度融合,加快关键领域发展,积极打造中国制造业在全球竞争中的优势,实现中国制造跨越式发展,实现制造业强国的梦想。

——《新常态下如何以智能制造为突破口推动两化深度融合》摘录

第三章 两化融合,实现中国工业的历史性跨越

> 当前,我国工业正处于转型升级的关键时期,国际产业竞争日趋激烈,核心竞争力不足、资源环境约束强化、要素成本上升的矛盾日益突出,全球新一轮技术革命和产业分工调整对我国工业发展既有挑战也有实现超越的机遇。推动信息化和工业化融合,以信息化带动工业化,以工业化促进信息化,对于打破当前发展瓶颈、实现工业转型升级具有十分重要的意义。
> ——在2013年11月"第四届中国技术商业论坛暨2013全球软件案例研究峰会"上的发言

1. 大融合之道[1]

目前，全球正在经历新一轮的工业革命。面对新的挑战与机遇，我国正积极推动两化融合，从"制造大国"向"制造强国"迈进。本章主要以 2016 年和 2017 年全国两化融合发展水平的数据为基础，分析我国两化融合的发展情况。

潜龙在渊，随云上天

我国的两化融合发展在实现中等水平跨越后持续强力迈进。

2017 年我国的两化融合发展水平延续了近几年较快的增长态势，整体向更深层次、更高阶段演进。从发展水平来看，2017 年全国两化融合发展水平达到 51.8，比 2016 年提升 2.0%。2017 年全国两化融合发展水平概览如图 3-1 所示。

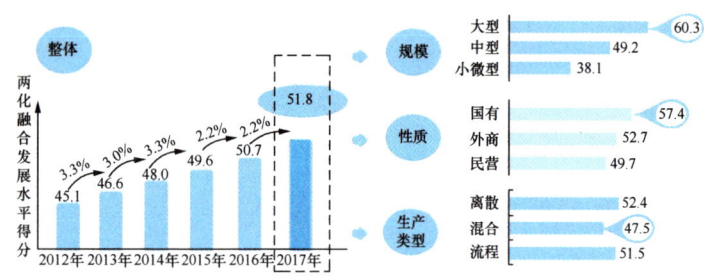

图 3-1　2017 年全国两化融合发展水平概览

各类企业的两化融合发展水平均有一定程度的提升，小微型企业、民营企业水平提升较快，离散型企业在两化融合发展

1　本部分内容参考自《中国两化融合发展数据地图（2017）》。

水平和增长态势上均超过了流程型企业和混合型企业。2016—2017年全国各类企业的两化融合发展水平提升情况如图3-2所示。

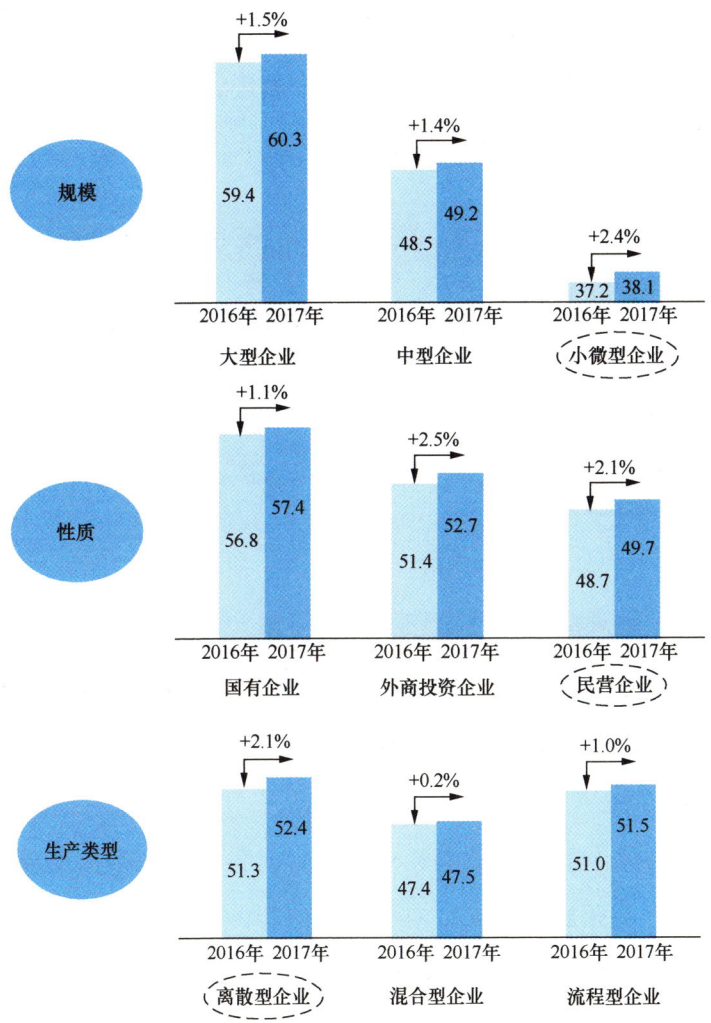

图3-2　2016—2017年全国各类企业的两化融合发展水平提升情况

从发展进程来看，2017年，全国19.3%的企业已经实现综合集成，47.7%的企业处于单项覆盖阶段，其中有46.2%（也就是占全国22.0%）的企业在关键业务环节信息化方面已实现全面覆盖，具备了在信息化环境下开展业务集成运作的良好条件，将在短期内进入集成提升阶段。2017年全国企业的两化融合发展阶段分布如图3-3所示。

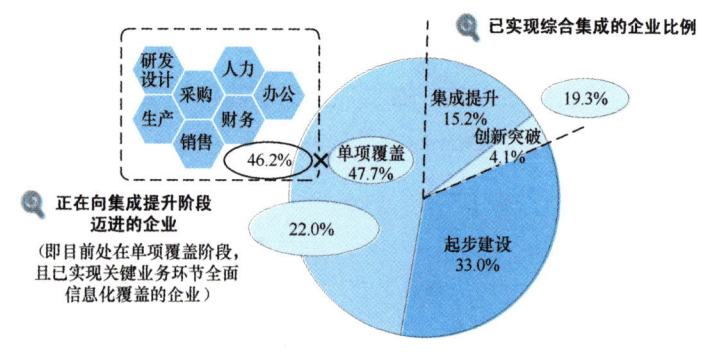

图3-3　2017年全国企业的两化融合发展阶段分布

与2012年相比，2017年全国实现综合集成的企业占比增长近一倍。2012—2017年全国企业的两化融合发展阶段分布情况如图3-4所示。

从两化融合关键指标水平来看，我国两化融合发展的结构性问题突出，大、中型企业的智能化发展基础逐步增强，小微型企业数字化水平低是制约我国两化融合发展的主要掣肘。2017年，我国具备开展智能制造基础的大型企业比例达到14.5%，远高于5.6%的全国平均水平；小微型企业的数字化研发设计工具普及率、关键工序数控化率分别为57%、28.9%，与预计目标（64%、40%）尚存在较大差距。2016—2017年全国企业的两化融合关键指标水平见表3-1。

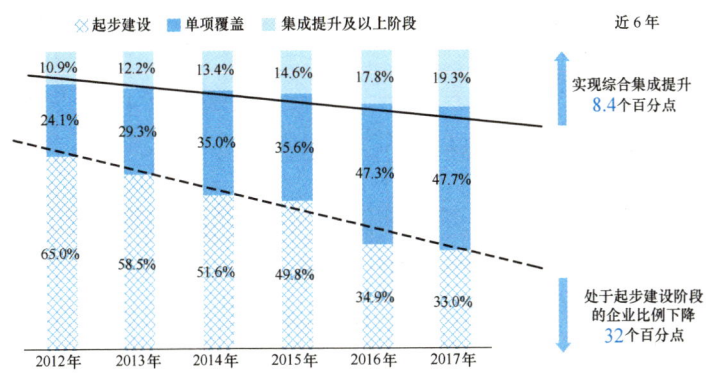

图3-4 2012—2017年全国企业的两化融合发展阶段分布情况

表3-1 2016—2017年全国企业的两化融合关键指标水平

指标		整体		大型企业		中型企业		小微型企业		两化融合目标（2017年）
		2017年	2016年	2017年	2016年	2017年	2016年	2017年	2016年	
数字化	数字化研发设计工具普及率	63.2%	61.8%	82.6%	81.4%	74.1%	72.6%	57.0%	55.7%	64%
	关键工序数控化率	46.4%(34.1%)	45.7%(33.3%)	56.1%	56.1%	44.2%	43.6%	28.9%	28.0%	40%
	关键业务环节全面信息化的企业比例	40.3%	38.8%	60.7%	58.9%	50.4%	48.1%	34.3%	32.6%	
	应用电子商务的企业比例	55.1%	54.0%	66.8%	64.4%	59.8%	58.9%	52.0%	51.1%	

（续表）

指标		整体		大型企业		中型企业		小微型企业	
		2017年	2016年	2017年	2016年	2017年	2016年	2017年	2016年
集成互联	实现设计与制造集成的企业比例	18.8%	17.7%	36.6%	33.5%	23.3%	23.0%	14.8%	14.0%
	实现管控集成的企业比例	15.5%	14.6%	30.7%	29.1%	20.7%	19.6%	11.8%	11.2%
	实现产供销集成的企业比例	20.0%	18.7%	42.2%	41.0%	28.8%	27.1%	14.1%	13.2%
智能协同	实现产品全生命周期管控的企业比例	7.9%	7.3%	13.8%	12.9%	9.3%	9.2%	6.5%	6.0%
	实现产业链协同的企业比例	6.6%	6.3%	12.1%	12.0%	8.7%	8.5%	5.2%	4.8%
	智能制造就绪率	5.6%	5.1%	14.5%	13.7%	8.1%	7.7%	3.6%	3.2%

两化融合发展的行业差异性显著

我国两化融合的评估样本覆盖原材料、装备、消费品、电子、采矿业等60余个细分行业，各行业所处产业链位置、行业结构、生产特征、发展需求各有不同，两化融合发展具有鲜明的差异化特征。2017年，电力、烟草、电子、交通设备制造、石化行业的两化融合发展水平较高，实现综合集成的企业比例超过20%。2017年不同行业两化融合发展水平及阶段分布情况如

图 3-5 所示。

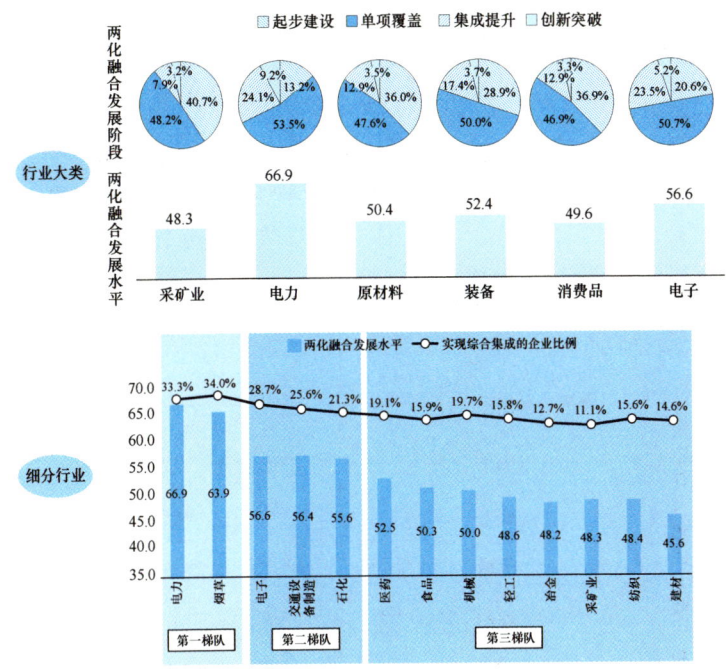

图 3-5　2017 年不同行业两化融合发展水平及阶段分布情况

具体来看，装备行业在数字化、集成互联、智能协同方面发展相对均衡，两化融合发展阶段跃升的潜力最大。2017 年不同行业两化融合发展阶段跃升潜力如图 3-6 所示。

原材料、装备、消费品等行业均通过两化融合构建自身的核心竞争力，但不同行业的企业对两化融合发展的关注点各有侧重：原材料行业以强化制造环节的智能化水平为着力点，打造集约、高效、实时、优化的生产新体系；装备行业以数字化研发工具的集成应用和基于产品的智能服务为双向突破口，提升产业的价值链水平；消费品行业基于互联网构建用户需求的精准采集、快速传导和实时响应的新能力。2017年不同行业两化融合发展侧重点如图3-7所示。

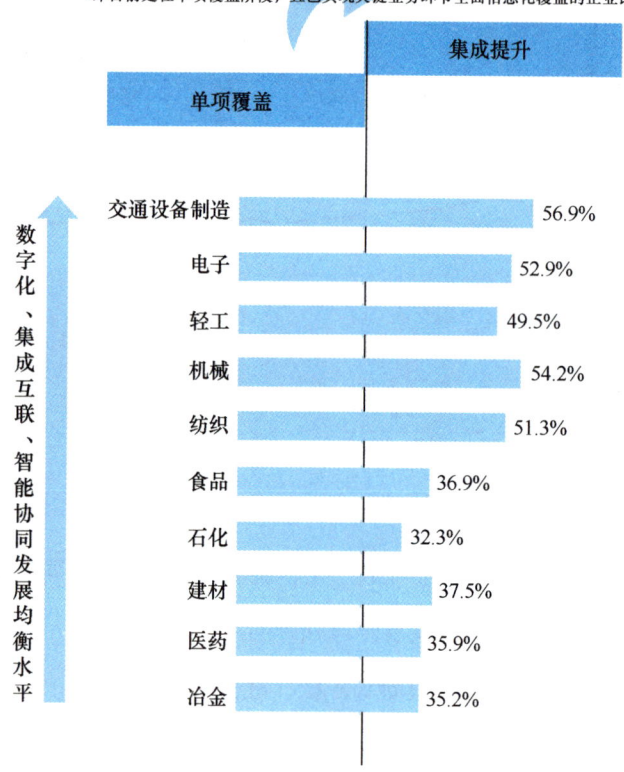

图3-6 2017年不同行业两化融合发展阶段跃升潜力

第三章 两化融合，实现中国工业的历史性跨越

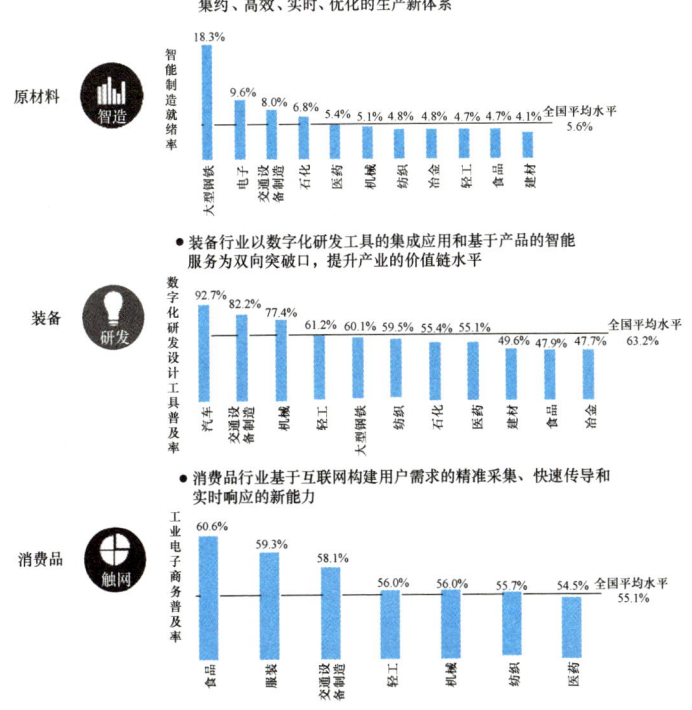

图 3-7　2017 年不同行业两化融合发展侧重点

各省（自治区、直辖市）两化融合发展阶梯特征明显

各省（自治区、直辖市）两化融合发展的战略导向、经济基础、产业结构、资源禀赋等不同，在整体水平、数字化、集成互联和智能协同等方面表现出明显的梯级分布特征。各省市的两化融合发展水平整体呈现出"沿海高、西南高、西北低、东北低"的态势。生产环节数字化水平制约了先进省份的两化

融合发展，管理环节数字化是第四梯队省份两化融合发展的重要突破口；先进省份集成互联发展水平区域集聚特征明显，管理与控制集成是各省市推进综合集成的普遍短板；全国各省市智能协同水平普遍较低，江苏省、广东省等初具基础。2017年各省（自治区、直辖市）两化融合发展水平、单项应用水平、综合集成水平、智能协同与创新发展水平得分情况分别如图 3-8 至图 3-11 所示。

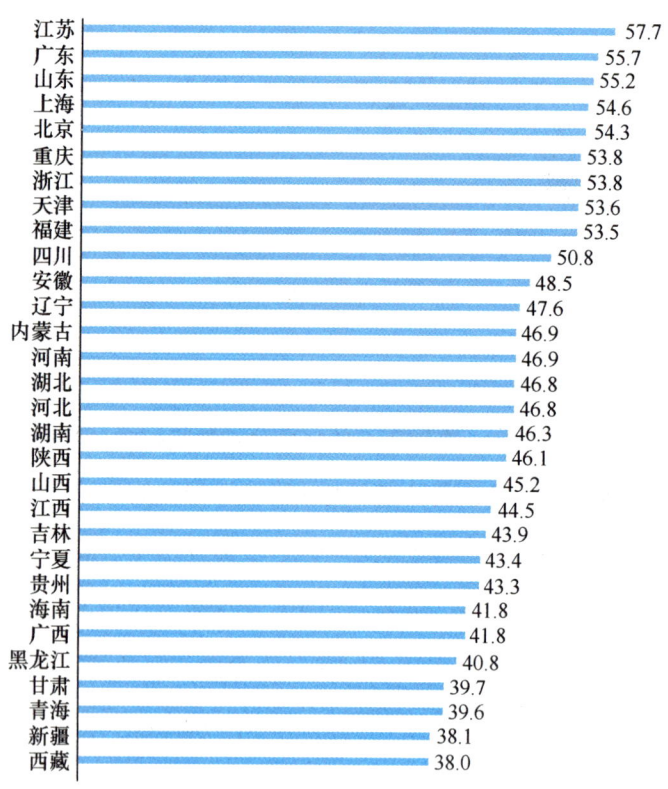

图 3-8　2017 年各省（自治区、直辖市）两化融合发展水平得分

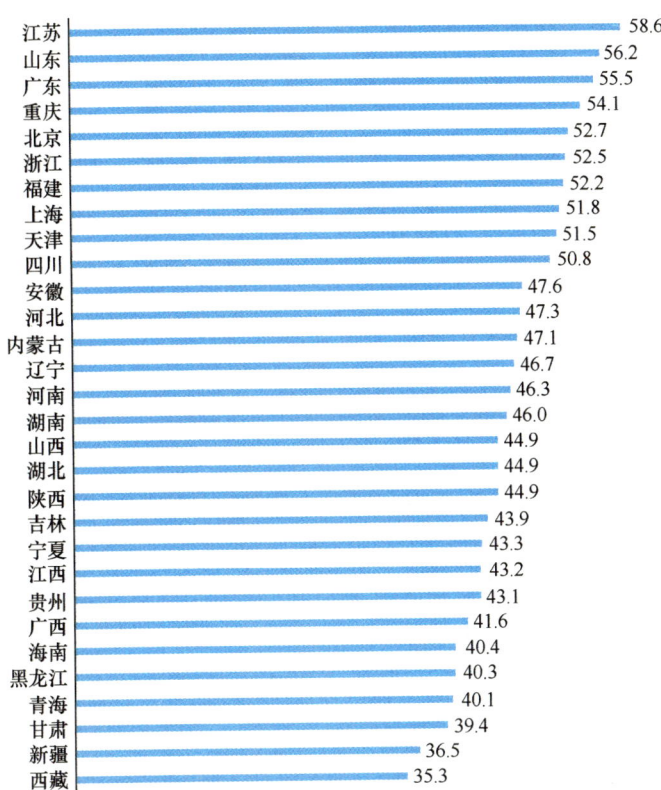

图 3-9　2017 年各省（自治区、直辖市）单项应用水平得分

产业的两化融合发展与区域集聚发展互动密切

产业集聚是由一定数量相互关联的企业或组织共同组成的，通过产业在一定地域范围内的集中实现集聚效益的有机体系。随着信息技术的不断发展及其向产业领域的不断渗透，信息化和工业化在生产要素、生产方式、管理模式、产业体系及社会经济运行方式等不同层面正在进行全要素融合，产业集聚也逐步表现出网络协同、智能创新等特征。同时，产

业集聚作为经济活动在特定地理空间中的不断集中，也带来了区域内信息、技术、管理经验的不断融合和发展，进一步促进了集聚企业两化融合水平的同步提高。以纺织行业和汽车行业为例，纺织行业以产业集群的形态推动两化融合发展水平的整体提升；汽车行业以龙头厂商为核心吸引配套商形成产业集聚，整车制造厂商带动零配件厂商，两化融合水平提升成效显著。

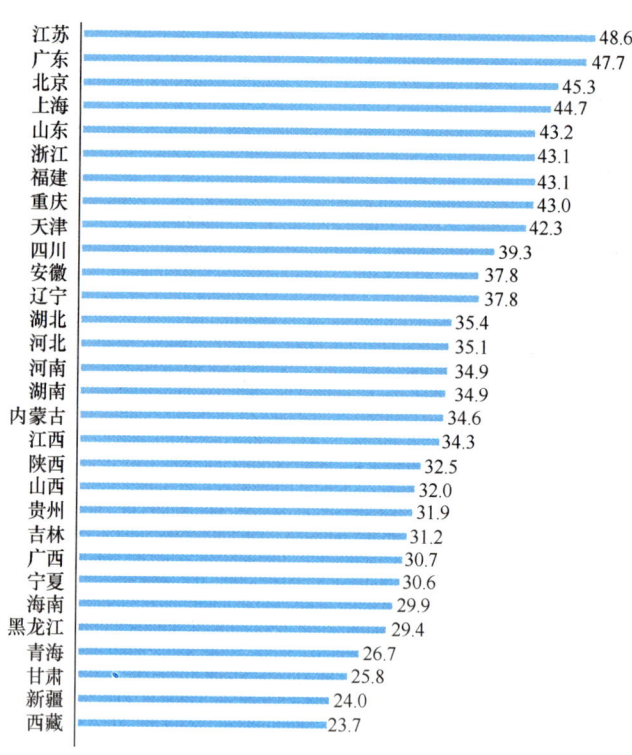

图3-10 2017年各省（自治区、直辖市）综合集成水平得分

第三章 两化融合，实现中国工业的历史性跨越

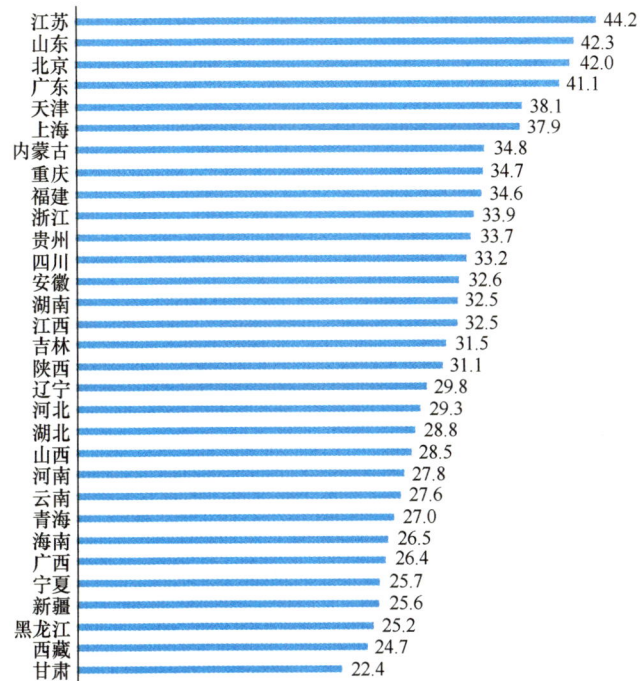

图 3-11 2017 年各省（自治区、直辖市）智能协同与创新发展水平得分

重点中央企业两化融合工作成效日益凸显

中央企业作为我国两化融合实践的先行者，代表了我国企业两化融合的较高水平。中央企业积极推进两化融合，基于统一框架的评估与对标成为中央企业精准施策的共同手段。2017年，中央企业实现综合集成突破势头明显，在带动产业链上、下游企业两化融合水平协同提升方面的辐射引领作用显著，42.4%的中央企业实现了综合集成，国家电网公司、中国电信集团公司、中国移动通信集团公司、中国商用飞机有限责任公司（简称"中国商飞"）、中国石油化工集团公司（简称"中石化"）、鞍

钢集团公司的两化融合发展水平较高，得分均超过 75 分。2017年主要制造类中央企业的两化融合发展水平（Top30）如图 3-12 所示。2017 年主要制造类中央企业两化融合发展阶段分布与全国对比情况如图 3-13 所示。

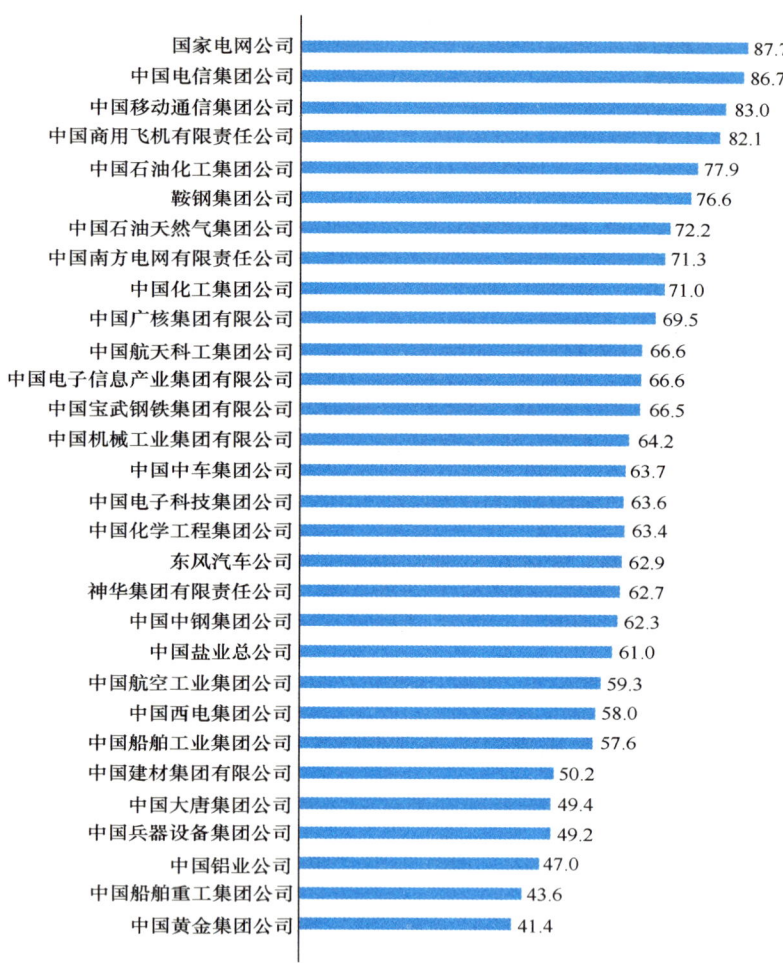

图 3-12　2017 年主要制造类中央企业的两化融合发展水平（Top30）

第三章 两化融合，实现中国工业的历史性跨越

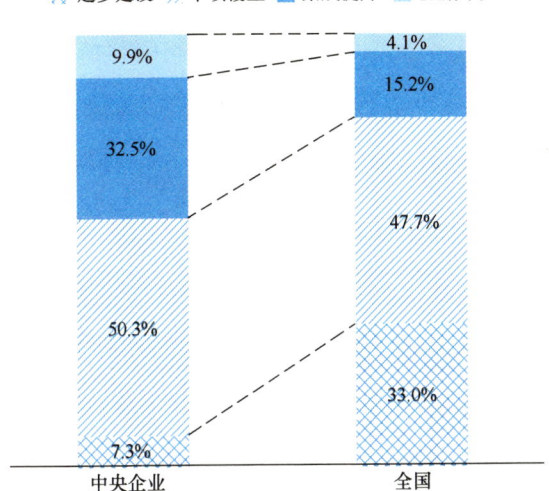

图 3-13 2017 年主要制造类中央企业两化融合发展阶段分布与全国对比情况

以"智"之道，塑工业未来

网络化协同研制蓄势待发

网络化协同研制是指企业基于互联网分布式协同环境，开展众包设计研发、网络化制造、公共云制造平台服务等模式创新，并行协同地设计、制造产品的过程。2017年我国离散型制造企业中实现网络化协同研制的企业比例为31.0%，江苏、山东、广东、天津等省（自治区、直辖市）网络化协同研制的普及广度位居全国第一阵营。2017年各省（自治区、直辖市）离散型制造企业中实现网络化协同研制的企业比例如图3-14所示。基于开放平台的协同创新是领先行业发展网络化协同研制的共同特征，电子、交通设备制造、纺织等

行业的网络化协同水平相对领先。加强开放平台建设、加快组织模式变革是离散型制造企业开展网络化协同研制的当务之急。2017年各重点行业实现网络化协同研制的企业比例如图3-15所示。

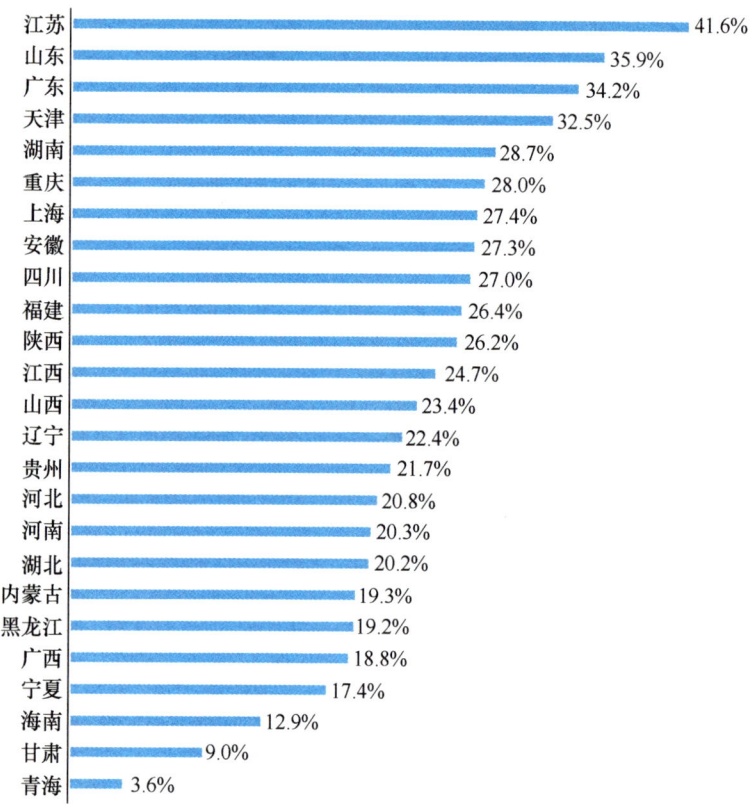

图3-14 2017年各省（自治区、直辖市）离散型制造企业中实现网络化协同研制的企业比例

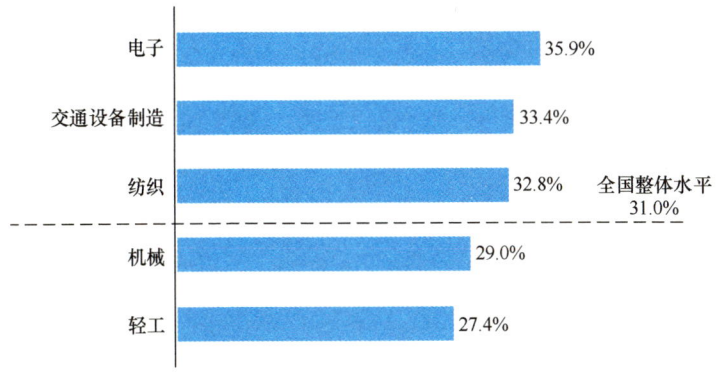

图 3-15　2017 年各重点行业实现网络化协同研制的企业比例

服务型制造亮点纷呈

服务型制造是制造企业不断增加服务要素在投入和产出中的比重，推动产品和服务融合的一种制造新模式。2017年，我国离散型制造企业中开展服务型制造的比例为 24.3%，浙江省、江苏省和山东省是全国探索服务型制造新模式的"领头羊"，开展服务型制造的企业比例超过 30%。2017 年各省（自治区、直辖市）离散型制造企业中开展服务型制造的企业比例如图 3-16 所示。价值链延伸与重构是领先行业开展服务型制造的共同诉求，电子、交通设备制造行业开展服务型制造的企业比例均接近 30%，高于全国平均水平。2017 年各重点行业开展服务型制造的企业比例如图 3-17 所示。提升服务环节的信息化水平与产品全生命周期各环节的集成度是制造业服务化转型的主要手段。

浙江 39.3%
江苏 37.2%
山东 34.7%
天津 25.6%
黑龙江 25.0%
广东 24.4%
四川 22.6%
安徽 21.3%
上海 21.3%
江西 19.5%
山西 18.8%
湖南 18.5%
重庆 18.2%
陕西 17.9%
湖北 16.9%
贵州 16.7%
福建 16.0%
河南 15.1%
宁夏 13.9%
吉林 13.1%
广西 12.3%
辽宁 11.9%
河北 10.2%
内蒙古 6.3%
青海 3.8%
甘肃 3.4%

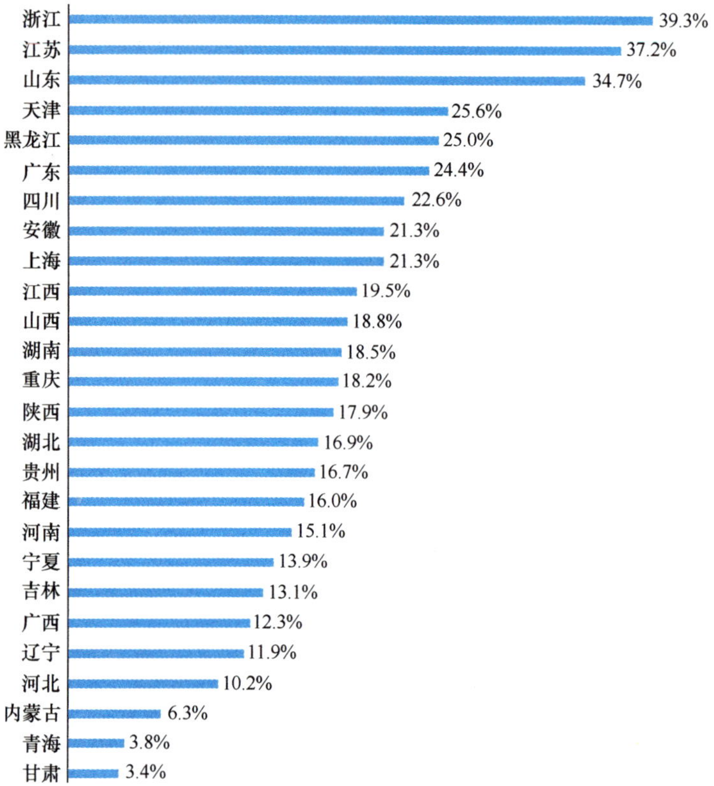

图 3-16　2017 年各省（自治区、直辖市）离散型制造企业中开展服务型制造的企业比例

电子 29.5%
交通设备制造 28.5%
全国整体水平
24.3%
机械 22.6%
纺织 19.7%
轻工 19.0%

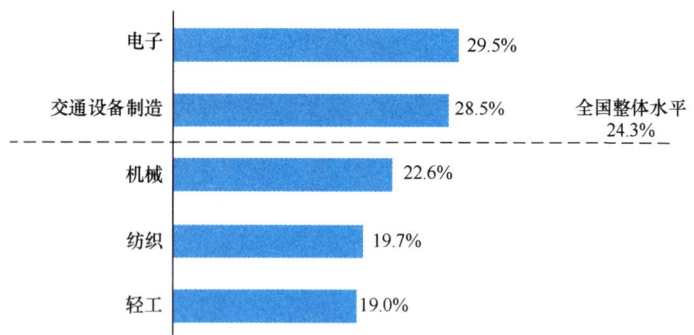

图 3-17　2017 年各重点行业开展服务型制造的企业比例

个性化定制实现加速发展

个性化定制是一种以用户为中心、数据驱动生产的制造新模式，是企业提升竞争力的重要抓手。2017年我国离散型制造企业中开展个性化定制的比例为7.3%，江苏、山东、天津、四川等省（自治区、直辖市）开展个性化定制的企业比例较高。2017年各省（自治区、直辖市）离散型制造企业中开展个性化定制的企业比例如图3-18所示。用户需求主导是领先行业开展个性化定制的根本出发点，纺织、轻工、交通设备制造、机械行业实现个性化定制的企业比例分别达到7.9%、6.7%、7.8%、7.0%。个性化定制正在从服装、家具行业向家电、汽车领域扩展。实现用户需求的精准获取与定义，提升生产柔性，提高数据流动的自动化水平是推动个性化定制的关键路径。2017年各重点行业开展个性化定制的企业比例如图3-19所示。

平台化运营如火如荼

目前，我国的平台化运营正步入全面实施、快速迭代、自我完善的新阶段，基于平台的制造业新生态正逐步形成。2017年我国的工业云平台应用率、重点行业骨干企业"双创"平台普及率分别达到38.3%、60%。资源汇聚、生态构建是领先行业开展平台化运营的终极目标，电子、轻工等领先行业纷纷加快开展平台化运营，电子行业的工业云平台应用率、轻工行业的骨干企业"双创"

平台普及率分别为 46.9%、63.4%，位居全国前列。加强数据采集与汇聚，构建平台运营新机制是实现平台化运营的重中之重。2017 年各重点行业工业云平台应用率、骨干企业"双创"平台普及率见表 3-2。

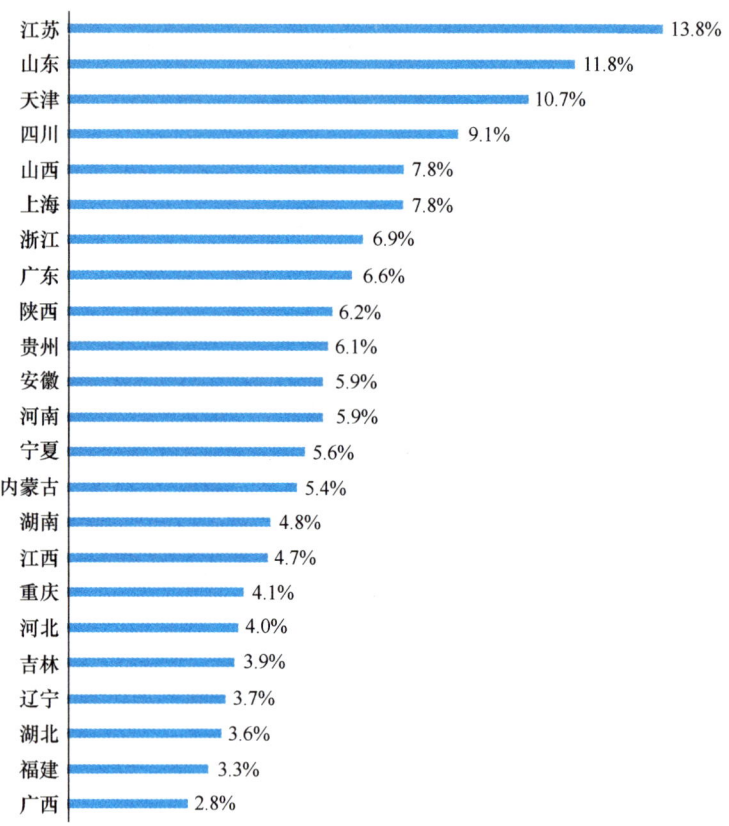

图 3-18　2017 年各省（自治区、直辖市）离散型制造企业中开展个性化定制的企业比例

第三章 两化融合，实现中国工业的历史性跨越

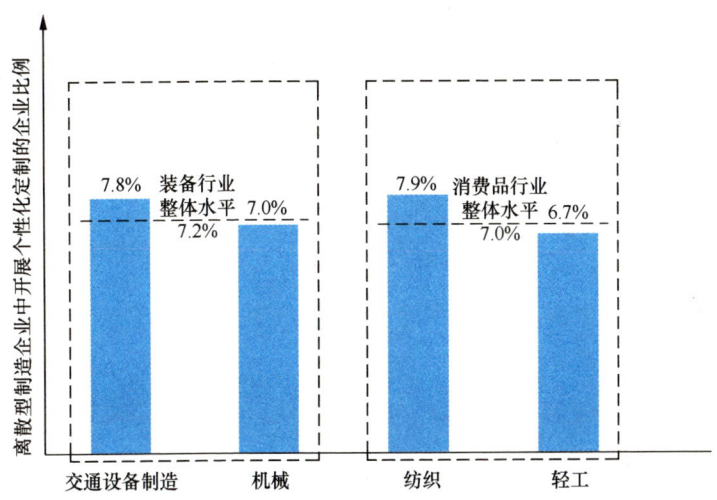

图 3-19 2017 年各重点行业开展个性化定制的企业比例

表 3-2 2017 年各重点行业工业云平台应用率、
骨干企业"双创"平台普及率

行业	工业云平台应用率	骨干企业"双创"平台普及率
电子	46.9%	62.3%
交通设备制造	42.4%	61.3%
机械	39.5%	56.3%
纺织	36.0%	61.7%
轻工	35.8%	63.4%
全国平均	38.3%	60.0%

2017 年不同组织模式企业应用工业云平台、建设"双创"平台情况如图 3-20 所示。

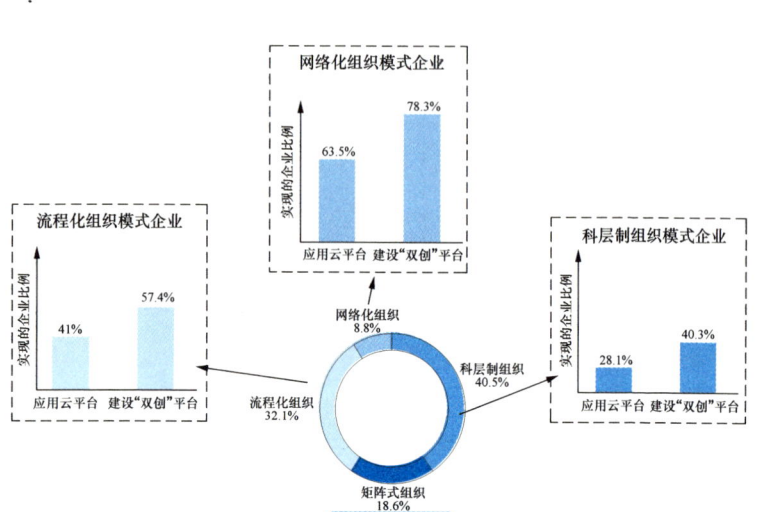

图 3-20　2017 年不同组织模式企业应用工业云平台、
建设"双创"平台情况

智能制造基础亟待提升

两化融合是"制造强国"建设的主线,智能制造是主攻方向和制高点。当前,我国的智能制造推进体系已初步形成,对推动产业转型升级和创新发展的作用日益凸显。2017年,我国初步具备探索智能制造条件的企业仅有5.6%,智能制造基础尚显薄弱,江苏、山东、浙江、天津、广东等省(自治区、直辖市)的智能制造发展水平位于第一梯队。2017年各省(自治区、直辖市)企业智能制造就绪率如图3-21所示。

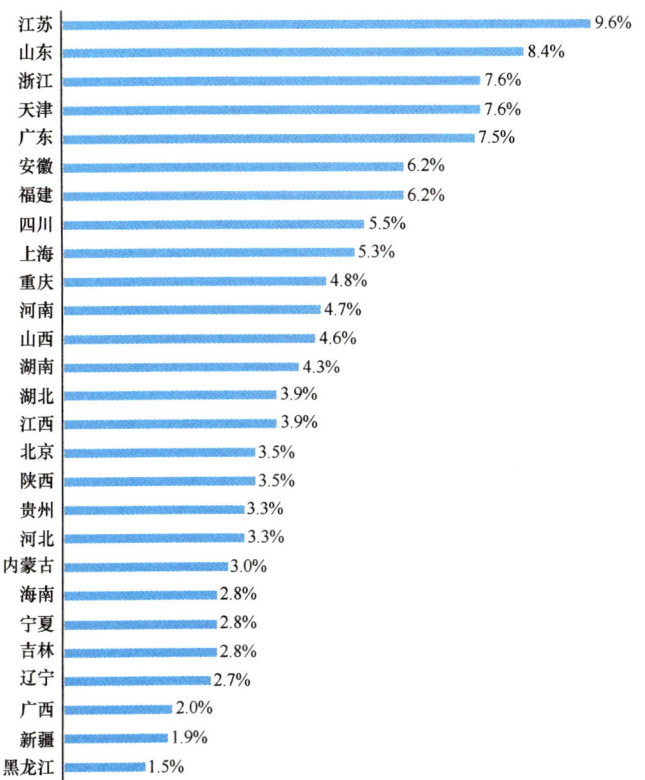

图 3-21 2017 年各省（自治区、直辖市）企业智能制造就绪率

集成互联、数据驱动是领先行业发展智能制造的共同选择，电子行业中具备初步探索智能制造基础的企业比例最高，达到 9.6%。2016—2017 年各重点行业的智能制造就绪率如图 3-22 所示。夯实新型基础设施，提升企业综合集成水平是开展智能制造的着力点。

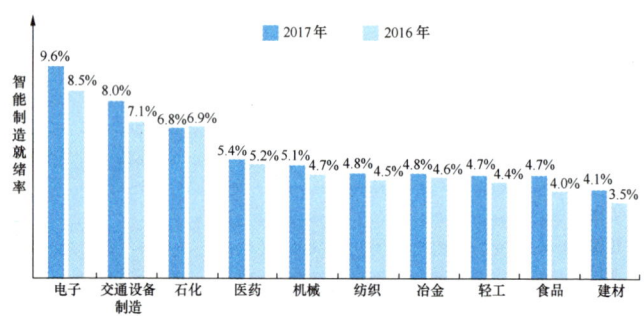

图 3-22　2016—2017 年各重点行业的智能制造就绪率

两化融合，促进经济增长

企业两化融合建设成效持续显现

企业持续推进两化融合可有效激发创新活力、加快供应能力和绩效增长、提高生产资源利用率、推动提质降本增效，对提高经济效益、获取可持续竞争优势具有显著的推动作用。从投入的角度来看，我国企业的两化融合投入水平与世界发达国家尚存在较大差距，2017 年，信息化投入占销售收入的比例仅为 0.25%，而国外企业的 IT 投入一般为营业额的 1% 左右。从产出的角度来看，2017 年，19.3% 的企业两化融合进入集成提升和创新突破发展阶段，比其他阶段的企业竞争力高出 15.1%，经济、社会效益水平高出 13.2%。从投入与产出的角度来看，我国集成提升及以上阶段企业的信息化投入水平比单项覆盖及以下阶段企业高出 21.7%，带动全员劳动生产率水平提高 40.0%。

上市企业普遍重视两化融合的投入，人、财、物投入均明显高于全国平均水平，其中在人员投入上的领先优势最显著。更扎实的信息化基础建设工作为整体两化融合水平的提升创造了条件，2017 年，上市企业的两化融合平均水平达到 62.4，47.1% 的企业实现了综合集成。2017 年实现与未实现产品全生命周期管控、供应链集成、管控集成企业的两化融合绩效对比如图 3-23 所示，2017 年上市企业与全国企业两化融合发展情况对比如图 3-24 所示。

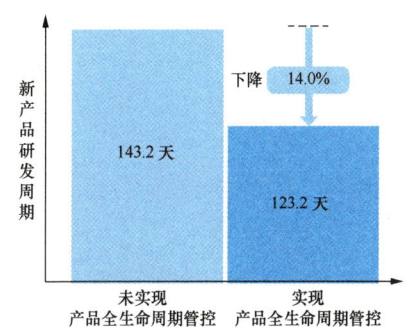

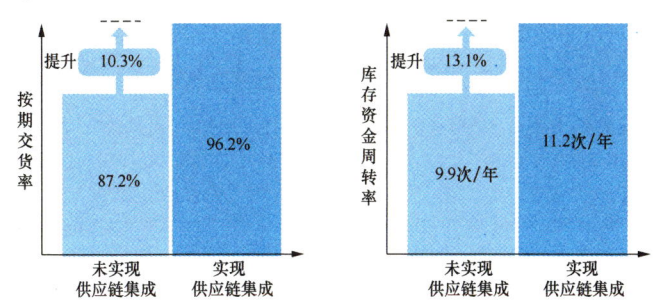

图 3-23　2017 年实现与未实现产品全生命周期管控、供应链集成、管控集成企业的两化融合绩效对比

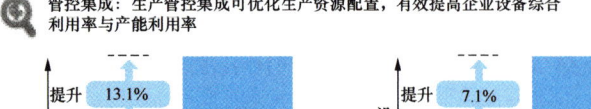

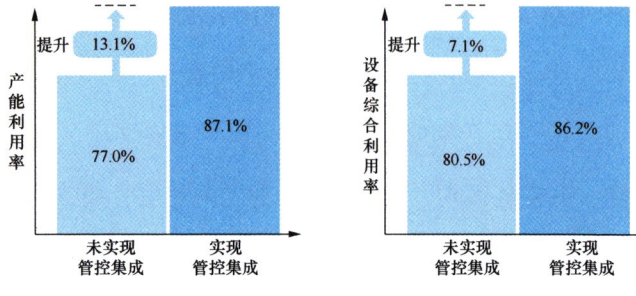

图 3-23 2017 年实现与未实现产品全生命周期管控、供应链集成、管控集成企业的两化融合绩效对比（续）

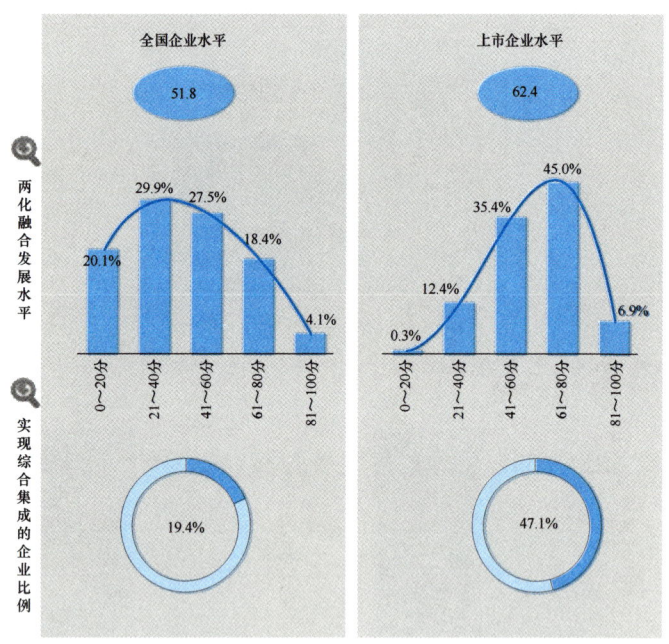

图 3-24 2017 年上市企业与全国企业两化融合发展情况对比

第三章 两化融合，实现中国工业的历史性跨越

两化融合驱动重点行业全要素生产率整体提升

全要素生产率是表征生产效率的重要指标，是生产活动在一定时间内的效率，包括人力、物力、财力开发利用的效率，其来源包括效率改善、技术进步及规模效应。通过分析可以发现，重点行业全要素生产率与两化融合呈现显著的正相关关系，当行业的两化融合水平接近或跨越中值线（50分）时，两化融合水平增长速度趋于稳定，但行业的全要素生产率继续增长，且增长幅度呈扩大趋势。

两化融合助推我国经济迈向中高端

目前，我国经济发展进入新常态。从产业结构优化的角度来看，两化融合引导我国企业围绕价值链两端的研发与服务开展了广泛而丰富的价值创造活动，有效促进我国企业研发、制造、服务等环节的附加值不断提高，加速推动我国制造业向产业价值链高端迈进。2017年开展个性化定制和服务型制造的企业比例分别达到7.3%和24.3%，比2014年增长近1倍，越来越多的企业在价值链两端的研发、服务等高附加值环节开展探索，并且各个环节不断交叠融合、互促互进。2014—2017年开展价值链两端环节价值创造的企业比例如图3-25所示。

从经济质量提升的角度来看，两化融合有效推动技术进步、提升生产效率，促进我国经济发展提质升级；从投入产出、劳动生产和技术进步等反映经济发展质量的重要方面来看，两化融合发展水平与投入产出比、人均增加值呈现显著的正相关，第二产业两化融合发展水平增长率与全要素生产

率的增长率之间也呈现明显的同向变动趋势。

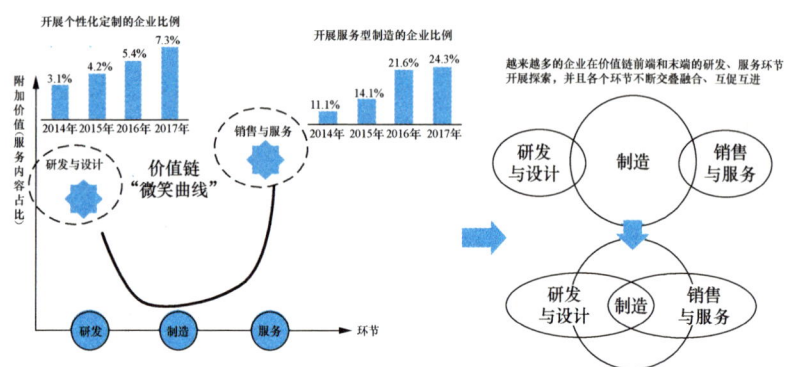

图 3-25 2014—2017 年开展价值链两端环节价值创造的企业比例

2. 新形势，新使命

目前，世界经济形势变幻莫测，主要经济体经济增长乏力，贸易保护愈发强烈，国际经济秩序悄然重构。我国经济发展在迎来新机遇的同时，也面临着巨大的挑战。因此，必须推动两化融合，帮助我国企业提升综合实力。

我国工业的传统发展模式面临土地、能源、人才、资金等重要资源缺失的问题，如果工业发展模式不转型，经济转型就无从谈起。而信息技术革命则是从一开始就与工业化关系密切，并不断地推进工业化的发展进程。

近年来，新一轮信息技术变革进入活跃期，制造业变革也迎来了难得的机遇期。因此，只有在信息化条件下提高企业的核心竞争力，创新企业的发展模式，发挥出信息资源的重要作用，才能加快企业转型升级，提升工业发展的质量。

抓住新机遇，善谋大发展

众所周知，传统企业以生产制造为主，组织架构也是以部门为单位，下设科室。但随着时代的发展，这种各自为政的管理模式的弊端日益凸显。各个科室基于自身利益，人为地建立制度障碍，直接影响了企业的未来发展。而两化融合改变了传统的管理模式，以信息化数据为核心，依靠对企业数据的应用，指导企业正确运行。这种方式不仅彻底打破了原有的组织架构，还能以流程需求为主，确立每个人的分工，从而实现管理扁平化，提升企业的运营效率，有效降低企业的运行成本，使企业的精力向研发和创新转移。

两化融合的最终目的，是培育企业在信息化背景下的新型能力，使企业将更多的精力用于创新。要实现这一目标，除了管理变革，制造技术和设备也要变革，而核心手段就是围绕企业数据的应用进行。

其中，产品寿命与数据管理、人力资源与质量管理、计算机辅助设计与制造、分析和仿真、协同数字化工厂和制造执行系统等信息化工具，是两化融合的基础。只有实现企业各个领域的数字化，才能使产品在设计、制造、质量、销售等环节的状态更具直观性。在此基础之上，我们才能对大量数据进行统计分析，并制订出更为合理的行动计划。

我国大中型企业的数字化设计工具使用率达到了60%以

上，重点行业关键程序数控化率大于50%，物联网、传感器等应用率也相当高。信息技术的深入使用不但能促进工业转型升级，还可以支撑现代服务业的发展脉络，提高现代农业水平，而且在创新管理、改善民生等方面意义深远。逐渐扩展的技术运用促进了我国信息技术产业的发展，涌现出一批具有国际影响力的大企业。此外，"宽带中国"的实施也为经济发展提供了更有力的保障。

在自动化应用方面，九成以上的生产企业实现了自动化控制；在生产管理方面，超过三成的企业应用了生产制造执行系统，为管控集成创造优势；在经营管理方面，超过八成的企业使用了企业资源计划管理系统，极大地提高了企业的经营管理效率。

此外，两化融合正成为发展现代产业体制的重要路径，信息技术与制造业相互融合，无疑会提升产业的现代化进程。信息技术还能有效保证产品质量，降低人力成本，提高企业的生产效率，成为企业竞争力的内在动力。而且，工业技术不断进步，与信息技术的广泛应用相结合，将大幅度降低单位产品的能耗，提高能源的综合利用水平，起到节能减排的作用。

挑战：新一轮技术变革的冲击

2012年，我国人均GDP超过了6000美元，GDP中工业占比40%左右，城镇化率也达到52.57%。依据经济学理论与国际经济社会发展规律，以上数字表明我国尚处在快速发展阶段。但是，当时全球遭遇了金融危机，世界经济陷入低迷，为了摆脱经济危机的桎梏，社会经济孕育了一场重大的调整与变革，第三次工业革命应运而生，并给我国的工业化发展带来了强烈的冲击。

美国经济学家杰里米·里夫金在《第三次工业革命》中指出，一种新经济即将问世，它将建立在互联网技术与新能源相结合的基础之上。英国著名杂志《经济学人》也刊登了在第三次工业革命的发展态势下，全球范围内的市场要素与技术要素配置将发生革命性变化的文章。

前文中提到第三次工业革命的代表性产业主要体现在智能制造和 3D 打印技术上。而这两项内容也是这次工业革命与前两次工业革命的区别所在。第三次工业革命开始投入知识和技术要素，最大限度地取代了劳动力，从而使生产要素发生了根本性的转变；在第三次工业革命的发展背景下，生产开始趋于个性化、差异化和多样化，改变了原先的生产空间格局；由于生产过程开始趋于智能化，所以生产的精确程度大幅提高。

虽然第三次工业革命为我国的工业发展带来了众多积极的变革，但是同样也带来了诸多挑战。国外经济学家钱纳里、赛尔奎等人将经济发展阶段划分为前工业化、工业化实现和后工业化。其中的工业化实现又被分成了初期、中期、后期 3 个阶段，从工业化实现的后期走向后工业化的阶段性标志为人均 GDP 超过 11170 美元；城市化水平要达到 75% 以上；在产业结构中，农业占比应当低于10%；第三产业的比重要高于第二产业。也就是说，我国尚处在工业化实现的中后期阶段，要想完成工业化，尚需十几年的时间。但第三次工业革命的兴起，无疑为这个进程开启了"快进"模式，这使我国现阶段的工业发展格局开始面临严峻的挑战。

首先，智能化在解放劳动力的同时，也减少了大量的就业机会。 随着区域产业格局的变化，制造业开始向发达国家回流，国际投资也发生了转向。第三次工业革命存在生产个性化和生产过程本土化的特征，这对原有的大批量和规模化生产的模式造成了一定程度的冲击，产业中心面临转移，就业岗位也会相应发生转变。

然而，一些新增的就业岗位只会出现在具有数字化制造能力和消费市场的地区，传统意义上的大规模现代工厂大批量吸纳就业人员的模式将被打破。也就是说，我国所依赖的以规模经济和产业聚集来创造就业岗位的模式将逐步被取代。

其次，在冲击之下，生产要素优势渐失。 近年来，我国工业化之所以能够取得长足发展，得益于其具有的要素优势：一是劳动力成本低廉，也就是人口红利；二是抓住了经济高速增长的机遇，成为世界第二大经济体，产业发展正在由原先的劳动力密集型向资本密集型转变。

但是，工业化的发展使环境和资源的绿色可持续发展利用受到了冲击，此项要素由良转劣，反过来成了制约经济增长的重要因素。

最后，第三次工业革命催生出了"再工业化"的生产认知，并且生产制造趋向于高端科技，也就是说，制造中心将会大规模地向发达国家转移。我国在工业化进程中所形成的巨大的工业生产能力，已经无法适应新型的工业化生产状态，这势必会形成大范围产能过剩的局面。倘若无法及时转变发展方式、调整产业结构，那么工业化发展的进程将会受到阻碍。

面对挑战，只有迎难而上，才有顺势前进的可能。在工业化发展的道路上，我国积极追寻各项机遇，此时更应该化挑战为机遇。第三次工业革命的势头已经席卷全球，我国在重视的同时，把目光从传统加工、加速投资、扩大出口转向了通过提高创新、扩大内需来促进经济发展。在此，我提出以下3点建议。

第一，注重教育发展，培养复合型人才。智能化的发展决定了知识要素和技术要素的投入应用，劳动力的解放使工业化进程更加需要高端的科技人才。因此，教育的革新与投入是重中之重。

第二，重视科技发展，尤其是第三次工业革命带来的关键性技术突破。

第三，加强国家战略规划，在数字化的基础上，推进信息化与工业化深度融合，加快发展战略性新兴产业。

第四章　两化融合，支撑中华民族的伟大复兴

在经历了两化融合的洗礼之后，我国的综合国力将会更上一层楼。作为享誉全球的文明发祥地，我国在世界近代史上遭遇了前所未有的困境，当一批新兴民族在国际舞台上摇旗呐喊的时候，我们却没有能够引领潮流、牵引时代。但所谓"福祸相倚"，艰难的时局磨砺出了一大批矢志为民族发展剖肝沥胆的有识之士，同时也激发了建设者们更高昂的爱国情怀。

有道是"工欲善其事，必先利其器"。在重塑伟岸民族的无上荣光时，我们理应用科学合理的理论方针来指导自己。在此，顺应时代潮流的两化融合理念就构成了最可靠的思想体系。历史的浪涛翻滚不息，在经历了百余年的抗争与奋斗之后，中华民族必将吹响新时代的号角，迎来最激荡人心的伟大复兴。

第四章 两化融合,支撑中华民族的伟大复兴

当前,我国在支持互联网与制造业融合、云计算、大数据的核心技术方面仍严重依赖进口。而我们自主研发的技术产品水平较低,可靠性不高,在制造业领域缺少示范作用等问题也持续存在。但是,在两化融合理念的持续推进下,创新投入不足、自主创新意识和能力较弱等问题均会得到妥善解决。

——《"互联网+"为制造业带来的变革》摘录

产品品种质量创新就是提高信息技术对工业技术、工业产品研制的支撑能力,通过创新产品种类,提升产品信息化、智能化和网络化率等手段,深入改造升级传统产品,加速产品高端化,大幅提升附加值,进而创建民族品牌。产品沿生命周期服务延伸,就是提升产品设计、生产、销售、售后维护乃至回收处理的全生命周期信息跟踪和反馈能力,提升新产品的开发能力和研发效率,加强产品生命周期的管控能力,实现服务延伸,最终促使产品的价值由加工环节向研发、维护保养等价值链高端环节跃升。

——《关于信息化与工业化深度融合的探讨》摘录

从两化融合水平也可以明显感受到传统动能的改造提升,2016年7月为50.6,比2015年提升了3.1%。我国工业企业的

> 生产设备数字化率为44.1%,比2015年增长了1.2%,这一指标虽然在增长,但我们的经济在下滑。数字化生产设备的联网率为38.2%,比2015年同期增长0.9%。
>
> ——在2017年5月"制造业与互联网融合发展深度行(武汉站)大会"上的发言

1. 在发展中求索

当信息化浪潮席卷全球之时，两化融合发展促使工业化展现出智能化、数字化、网络化的特点。同时，两化融合也为我国迈向新型工业化之路、建立健全现代产业体系、推动工业由大变强提供了新的机遇。

在第三次工业革命来临之际，我们绝不能允许自己再错过任何机遇。改革开放以后，我国随着经济高速发展，求索之路越走越宽。在工业化与信息化建设的道路上，我国立足于国情，调整发展战略，力求通过两化融合的力量，实现从"大国"到"强国"的迈进。

探索中谋发展

近年来，国家对工业的发展提出了一系列重大战略部署，各级领导部门也对如何抓住工业发展的历史新机遇、推动工业快速转型升级、恢复国际竞争力做出了诸多重要的批示。

在此，针对中华民族如何在强中探索，抓住历史机遇来推进两化融合，我们需要明确以下两个概念。

第一，掌控中国工业发展的整体脉络是推进两化融合的重要条件之一。当前，中国工业处于转型期，在兼顾速度之时，更应注重质的提升。只有提高了质量，才能最终实现真正的发展。中华人民共和国成立之初，我们的工业发展一度是空白的、落后的，因此全力填补空白、迈出民族工业发展的第一步，就成了早期中国工业的重要任务。而经历数十年的发展积累之后，我们已经取得了一定的成绩，在这样的条件之下，依然追求速度就是不合时宜的了。

第二，借助信息科技的力量为我国工业注入更多活力也是不可或缺的。在世界市场竞争日益激烈的背景之下，我们必须要生产出更具有国际竞争力的产品才能立于不败之地。

那么，如何借助信息科技的力量，使中国工业成本更低、质量更好、创新发展的势头更强呢？对此，我们要从本质上来分析，而不能只考虑在信息化时代应该怎样做。我们应该更加重视基于信息技术和工业技术的一系列具有重大意义的模式。

仔细想来，信息化究竟改变了什么？不变的又是什么？其实，信息化真正改变的是方式、效率、成本，而不是流通过程或产品与消费者之间的买卖关系。我们需要做的就是用两化融合理念来厘清中国制造的发展趋向。

总体而言，中国的工业还处于一个需要持续奋斗的历史阶段，我们既有经年累月遗留下来的经验，同时也存在诸多方面的不足。在世界工业即将发生剧变的关键时期，我们务必要为中国工业注入强劲的科技活力，用信息科技的力量推动中国工业的持续进步。因此，在未来的一段时间里，中国工业依然需要不断求索、砥砺前行。

两化文明之变

工业文明的标志是工业化的发展，随着工业文明的传入，中国也开展了"自强求富"的工业化运动。

1874年，李鸿章表示："世界工业之变，为我之国家带来重压。"近代工业文明自此走上征程。社会工业发展的主要特征开始由原来的手工劳动，发展成为以工业力量为核心的机器生产。

随着第二次工业革命的爆发，工业化已经不再局限于"以机器代替手工劳作"，而是上升到科技推动的层次。于是，相对完整的、以现代工业为基础的国民经济体制开始建立。于1953年开始实施的"五年计划"也加速了中国的工业化进程。

尽管当时中国的原始资本相对薄弱，工业产能总量不足，但是在一代又一代建设者的努力下，中国研制出了原子弹、人造卫星，培育出了杂交水稻，飞速发展为世界第二大经济体。

在工业文明时代，机器生产发展迅猛，这虽然在一定程度上解放了部分劳动力，但是部分机器操作仍需人工负责。信息化的兴起，使工业生产走向了数字化。智能终端、机器人、3D打印机的应用，正在使"工人"一词趋向消失，社会组织方式也在相应发生变化。

2. 从进口依赖到自主高端

如今，全球正在经历一场以新信息技术与工业融合发展为主线的产业革命。面对巨大的挑战，中国积极推动两化融合，从"制造大国"向"制造强国"迈进。

近年来，工业和信息化部通过推出一系列具体措施以贯彻国家战略部署、加强与各相关部门之间的联系，进而推动两化融合不断发展。具体表现在以下7个方面：第一，促进重要产品和成套装备智能化转型；第二，创新工作机制，推广企业两化融合管理机制；第三，坚持多项举措，以信息通信技术应用来提高传统产业的水平；第四，开展试点企业示范，引领其他企业生产方式之变革；第五，加强统筹管理，健全两化深度融合体系；第六，优化发展环境，积极培育新模式、新业态；第七，强化通信基础设施建设，提升两化融合的总体能力。

当然，从"制造大国"迈入"制造强国"必须坚持"三步走"战略：第一步，用十年时间踏进"制造强国"行列；第二步，到2035年，中国制造业整体发展水平达到世界中等水平；第三步，到2049年，中国制造业大国地位更巩固，综合实力更强，达到世界前三。

当前，推动两化融合，有利于推动企业多样化改造、在制造业领域加快转型升级、冲破发展限制、提升国际竞争力。因此，中国要以两化融合为主线，推进智能制造，强化工业基础能力，提高综合水平，实现制造业由大变强的历史性跨越。

意气风发，斗志昂扬

下面以中国机床行业为例，讲述中国依靠两化融合，走上自主研发之路的发展过程。20世纪五六十年代，人们用"十八罗汉"形容国内机床行业的佼佼者。如今，半个多世纪过去了，中国的机床行业如同其他领域一样，已经发生了翻天覆地的变化，取得了众多骄人成就。在两化融合的过程中，中国的机床行业致力于高端技术的研发和创新,并不断向自动化、智能化方向发展。

在高端技术研发和创新方面,具有代表性的是以下几大项目。

首先是上海机床厂有限公司发起的"面向钢铁汽车行业的高档数控磨床关键技术及装备开发"项目。该项目的核心是开发出适合制造大尺寸钢板轧制的、重载荷数控轧辊磨床系列。其中,国内最大的可顶磨250吨工件的超重型数控轧辊磨床被列入国家"高档数控机床与基础制造装备"科技重大专题,已通过专家组验收。该项目取得了多项创新性成果,还获得过8项国家发明专利、6项实用新型专利。

由济南二机床集团有限公司主导的"双龙门大扭矩机械主轴,五轴联动数控机床关键技术及设备"项目,同样也为我国机床制造业的发展做出了重大贡献。该项目为中国机床赋予了优秀的五轴联动重切削特性,使之能精确切削加工复杂的三维曲面,并提高了工件被加工面的精度,实现了中国重工建设之需。该项目的研制成功,打破了多年来中国大型水电项目所需的加工设备一直依赖进口的局面。

江西杰克机床有限公司自主研发的"异形零件高速精密磨削关键技术与高速随动数控磨床"项目同样也是中国机床制造史上的一大亮点。该项目提出了全新的磨削方法,开发出超高速磨削工艺,实现了高速/超高速磨削的圆柱静压导轨与直线电机进给体系;同时还研制出国际领先的大型精密异形复合面随动数控磨床。该技术为复杂轴类零件制造提供了高效、精密的加工通道,大幅度提高了中国制造的市场竞争力。

在强大的技术支撑下，中国的机床行业取得了令人兴奋的成就。2011年，沈阳机床集团的销售额达到180亿元，跃居世界之首。随后不久，沈阳机床集团又在德国建设了世界级设计中心，以针对市场需求，制作出更适用、更简便的世界级产品。

2012年4月16日，在南京主办的"第七届中国数控机床展览会"上，沈阳机床集团自主研发的"飞阳数控机床"首次亮相。它由一台机器人和3台机床连接而成，可自由编程，完成自动化、智能化、无人化加工，甚至还能根据客户需求量身定制。

为了推动两化融合的发展，国家也出台了相关政策。2006年6月28日，《国务院关于加快振兴装备制造业的若干意见》明确指出：要发展一批实力强大的大型装备制造企业，提升具备自主知识产权的重大技术装备的制造力，满足各个方面的需求。

在全国各地的工业园内，装备制造企业的身影从未减少。从硬件建设的情况来看，园区内统一的装备将会给企业生产带来各种便利。

中国的机床行业在经历了漫长的奋斗之后也逐渐步入了集群化生产阶段。例如，江苏扬州的成形机床集聚区、山东济南周边的锻压机床集聚区、江苏泰兴的电加工机床集聚区等。

如今，中国机床行业的建设者们正在循着世界潮流的发展方向，在技术方面勇攀高峰，呈现出一派"意气风发，斗志昂扬"的精神风貌。

沈阳机床集团：机床行业智能制造的佼佼者

沈阳机床集团由沈阳原先的三大机床厂——沈阳第一机床厂、沈阳第二机床厂、辽宁精密仪器厂资产重组而成，主要生产普通机床及数控机床，产品共有300多个品种、千余种规格，市场覆盖全国，并出口多个国家和地区。沈阳机床集团的产销量多年来始终居于国内同行业首位，是国内首屈一指的机床生产商。

近年来，当发达国家向未来智能制造的"工业4.0"全面推进之时，越来越多的国内制造厂商开始寻找能够满足未来制造的发展路径，向工业服务商转型，而沈阳机床集团携其十年磨一剑的i5数控系统，无疑将成为"智造时代"机床行业的佼佼者。

2007年，沈阳机床集团开始独立研发底层运动控制技术，连续5年，累计研发投入逾11亿元。位于同济大学的沈阳机床数控研发中心于2012年成功攻克计算机数控运动控制技术、数字伺服驱动技术等底层核心技术，依托互联网实现智能校正、智能诊断、智能控制、智能管理，实现了工业化、信息化、网络化、智能化、集成化的有效集成，开启了沈阳机床集团发展的新时代，世界首套具有网络智能功能的i5数控系统由此诞生。2014年2月，i5系列智能机床亮相中国数控机床展览会，全球首款智能机床实现批量生产。2016年，i5系列智能机床的订单量达到1.8万台，这个数字让沈阳机床集团乃至全国机床行业都为之一振。

相较于传统数控机床的嵌入式封闭系统，i5数控系统采用基于PC的软件架构。并且，i5系列智能机床在运行过程中可以时时采集并以毫秒级的速度传输数据。i5系列智能机床的这两个特性转变了制造业传统的单纯买卖机床的商业模式，使客户可以通过手机应用实时查看工厂的运转情况及产品的生产情况。此外，由于掌握了即时数据和机床的互联网接入，沈阳机床集团还可以在线为客户提供技术解决方案，依靠应用驱动实现人才共享。

沈阳机床集团对i5数控系统的期望并不仅仅限于机床的使用方面，而且同时聚焦于平台和生态的竞争。2017年4月，沈阳机床集团连续签下6份战略合作协议，合作方包括全球知名汽车零部件公司舍弗勒及石油巨头艾克森美孚，这对于i5生态的推广有着重要的促进作用。此外，沈阳机床集团还与马鞍山市、嘉善县、钟祥市、建湖县等地方政府签署了战略合作协议，宣布联手打造i5智能制造谷。i5智能制造谷由i5智能工厂和公共服务中心构成，其目的是服务创业者，让创业者"无须建厂房、买设备、懂技术、招人才、学管理"，直接"拎包入驻"，根据自身实际需求随意调配i5智能机床等生产要素，按照使用付费。根据与4个地方政府达成的战略合作协议，沈阳机床集团

> 3年内在这4个地方分别建设4个i5智能制造谷、50余家智能工厂,投入1万余台i5系列智能机床。
>
> 通过这6份战略合作协议,i5生态将会有更低的推广成本,并迎来更多的用户。有了更多的用户,就能吸引更多的技术人才在i5平台上开发应用、提供解决方案。用户越多、应用越多,i5生态和平台的生命力就越顽强。如此,i5生态就将如滚雪球一样越滚越大,直至成长为一个无法撼动、只能靠拢的巨型生态平台。

举世瞩目的突破

1959年,大庆油田进入了人们的视野。大庆油田的石油产量占了中国所有陆上石油产量的近一半。

20世纪70年代,美国学者针对"找油"构想,提出了三元复合驱油方法。该理论获得了诸多关注,但在实践方面却无法取得突破。到了20世纪80年代,我国科学技术部针对三元复合驱油技术成立了科研攻关小组,先后有3000余人参与研发、试验工作。

研究初期,三元复合驱油、水驱油以及聚合物驱油等多项技术被广泛应用,一些岩心石油就依靠这些技术被开采出来。这是当时最先进的驱油技术,但是对油田内部剩余的35%储量的开采仍无计可施。

当时,全球原油采收率的平均水平为33%,油田剩余储量依然非常可观，只要平均水平上升一个百分点，就代表全球开采储量能增加50多亿吨。因此，全球都在为提高原油开采率而努力。

为了破解这一难题，我国在此技术上的研究工作持续了30多年，直到2014年，较为先进的三元复合驱油技术终于被全面应用。该项技术使石油采收率提高了20%，也成为大庆油田"十三五"期间开采的技术核心。自此，三元复合驱油技术开始了规模应用。

三元复合驱油技术也被称为三次采油技术，其工作原理是在水中注入聚合物、碱和表面活性剂。这是我国自主研发的技术，即便是在原油含水量达到98%的极限开采条件之下，我们也能够将采收率提高20%以上。

大庆油田的"黄金时代"是国人熟知的"铁人精神"时代，而三元复合驱油技术无疑开启了大庆油田的另一段辉煌历程。

大庆油田：大数据撑起信息化平台

大庆油田是自20世纪60年代起中国最大的油区，是以石油、天然气勘探开发为主营业务的国有控股特大型企业。依托云计算等新兴技术，大庆油田不断实现对人员、硬件、软件和数据等企业内部信息资源的优化整合，逐步建立起深层次、高水平支撑油田发展的信息资源共享服务体系。

大庆油田将数据作为资产进行管理，不断加大数据中心的建设力度，已建成以主营业务为核心的勘探开发数据中心，将397个地震工区的地震处理与解释数据库、9万多口井的测井数据、勘探开发地质数据、实验分析数据等18类数据库统一纳入勘探开发数据中心管理，为勘探开发一体化提供了信息共享、业务协同的有力支持，也为下一步油田"云数据中心"的建设奠定了基础。

大庆油田坚持对云计算技术进行研究和应用，对现有服务器、存储器进行"云"化尝试。大庆油田的信息中心整合物理服务器32台，虚拟化服务器126台，承载80个应用，建立起油田范围内的"云"化应用场景，实现了资源的统一调配和管理。在"云计算"模式下，大庆油田统一了架构服务和存储资源，减少了设备重复投资，有效利用闲置信息资源，为企业降低了投资成本；在"云计算"模式提供的统一管理平台上，管理人员能够有效利用管理工具，实现对信息资源的快速分配以及硬件的统一监控，减少故障维修响应时间，为生产系统的平稳运行提供了有效保障；在"云环境"下集中对服务器进行安全管理，降低了信息安全风险，提升了信息服务质量，节约软硬件投资成本约达50%，节省电力消耗达60%以上。

优化整合后的信息资源，从共享应用到集中管理，为

> 大庆油田提供了生产经营管理、应用系统集成测试、专业软件和数据服务的集中应用环境，降低了信息系统的建设和整体运维成本，也为早日实现油田各个系统的互联互通和信息共享奠定了基础。

3. 开启中国制造新时代

第一次工业革命，英国成为"日不落帝国"；第二次工业革命，法国、德国等崭露头角；第三次工业革命，美国获得几十年的持续增长。

当第四次工业革命悄然来临之际，基于其核心——智能化与信息化而形成的高度人性化、数字化的产品与模式，将给许多领域带来颠覆性的改变，世界格局也再次面临洗牌。在发达国家纷纷实施"再工业化"战略，以求继续保持领先地位之时，中国一定要抓住机遇，加快实现"两个一百年"的奋斗目标。

我们要顺势而上，以新发展理念为引导，坚持新道路，立足中国制造业优势，充分发挥"互联网+"的力量，做好两化融合，改造提升传统工业，壮大新动能，推动中国制造业的升级，加快从"制造大国"走向"制造强国"的步伐。

为制造业插上创新的翅膀

如今看来，中国的制造业生存得并不容易，来自东南亚和南美洲中部国家的挑战正在威胁着我们"世界工厂"的地位，而互联网行业的兴起也对实体经济形成了巨大的冲击。因此从长远的角度考虑，中国制造的未来方向需要明确。

在第四次工业革命中，美国与德国的战略方针有所不同。美国制造的主要方向是硬件，例如，航天飞机、无人汽车、虚拟现实（Virtual Reality，VR）系统；而德国则主抓生产线改革，并希望能够以此为突破口打造更先进的生产体系。

与这些世界一流的制造大国相比，我国的制造业在竞争力上是存在一定差距的，其中最突出的一个问题就是创新能力欠缺。而两化融合理论就是解决创新动力不足的重要武器。

当前的中国市场消费水平正在提高。因此，制造业变革迫在眉睫，而一切的根源还是技术创新。

2015年，中国的华为公司是全球申请专利最多的企业，其次是高通，然后是中兴通讯。其中，华为公司在该榜单中已经连续多年位列榜首，这也为中国企业的创新之路做出了一个良好的表率。

在现代技术创新方面，我们要抓好若干革命性驱动力：一是来自信息领域的互联网革命，例如，大数据、云计算等；二是减少流通环节，这极大地降低了运营成本——倘若不计库存和渠道成本，那么利润必将是提升的。另外，未来的消费者具备多重身份，他们既是产品的购买者，也是设计的参与者与产品的投资者，这就是互联网的作用。

未来数年是制造业的"黄金期"，但发展过程一定是艰难的。在这样的情况下,我们更应该坚持走两化融合的发展道路,重视自主化创新的力量。两化融合是促进我国工业未来发展的新举措,可以预见的是,只要我们坚持信息化与工业化的融合,中国的制造业将会取得更美好的未来。

打造"中国制造"新名片

近年来,国人赴国外抢购的新闻层出不穷,一度引发社会对"中国制造"的质疑。在这样的背景下,打造"中国制造"的新名片,就成了一件迫在眉睫的事情。

打造"中国制造"新名片要大力发展工业化和信息化,提高本土产品的科技含量。当前,我国对信息化建设的重视程度已经达到前所未有的高度。大力推动两化融合的背后是世界新一轮产业技术革命的风起云涌。有关资料显示,3D打印、智能加工等新技术正在改变传统的制造模式。而世界各个国家也在积极探索,力求在维护现有利益的前提下更进一步。为重扬"工业大国"的风采,美国全面提升信息技术与工业技术,用智能制造代替传统制造;德国的"工业4.0"计划运用信息系统打造智慧工厂,创新智能生产方式;英国则推出"高价值制造"战略。

当然,要打造属于我们自己的民族品牌,就不能一成不变地照抄他国理念。在新形势下,我国已无法走"先工业化,后信息化"的发展道路,只有将二者结合,大力发展"互联网+"制造,才能掌控发展主动权。

下面以湖北华新水泥厂的"移动电商"模式为例展开讲述。该企业原本是一家依靠传统工艺生产的企业，在信息化技术变革的浪潮中，经营者将信息化运用于生产和运营，建立了移动电子商务平台并大获成功。该企业相关负责人说："通过移动电子商务平台控制整个生产运营过程，所有状态就随时可查。"到2014年年底，该企业64%的水泥通过此平台被销售出去。

互联网销售在为企业带来丰厚利润的同时，也提高了相关产品的品牌效应。更多合作商在目睹了这种操作规范、科学合理的经营模式之后，纷纷加大了与华新水泥厂的合作力度，而华新水泥厂的声名也慢慢在业内传开了。

值得一提的是，两化融合理念对于制造业的品牌塑造不单单体现在某行业本身，同时它还能促进新产业的诞生，进而利用这些新兴行业的力量为我国的民族制造业正名。目前，由制造业信息化应用形成的各类新型数字产品屡见不鲜，与之相关的电子商务以及互联网金融平台更是异军突起。可以说，两化融合丰富了"中国制造"的内容纬度，它让"中国制造"新名片上又多了很多新时代的产物。

在两化融合的背景之下，"中国制造"将会获得更坚实、更可靠的基础。与此同时，更高性能的技术内核与更宽广的业务范畴也加深了世界对"中国制造"的良好印象。未来，更加个性化、更具科技含量的中国制造业，必将在国际生产中占据更优越的地位。

下篇 制造强国

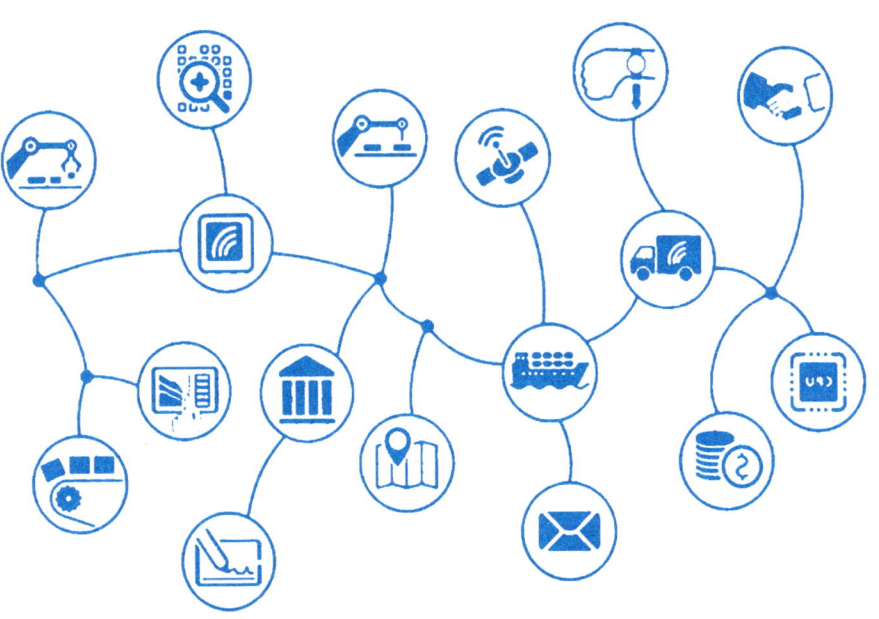

第五章　国家战略，实现经济跨越式发展

　　用科技与信息的力量推动民族产业在国际贸易链条上升级进化，这是两化融合的一个重要内容。2013 年，德国汉诺威工业博览会为世人带来了"工业 4.0"的概念，人类历史上的第四次工业革命就此提上了日程。两年之后，我国政府也制定了相关政策，力求通过科学缜密的宏观引导，推动民族产业跻身世界一流行列。

　　在行之有效的理论指导与勇于进取的奋斗精神的共同作用下，我国的民族产业将会顺利迈向新高度。受益于产业体系升级，我国的综合国力也会获得强力助推，与国家经济密切相关的政府调控、消费市场等产业要素也必然会迎来一个新的春天。在这样一个充满张力与无限遐想的良性循环之中，两化融合的超级战略意义必将彰显无遗。

我的报告厅 REPORT

信息消费供给能力的提升应以深化制造业与互联网的融合发展为重点,培育新型供给模式,推动信息消费工作的持续健康发展。

一是打造两个"双创"平台。打造支持大型制造企业建立基于互联网的"双创"平台,深化工业云、大数据等技术的集成应用,并鼓励大型制造企业开放"双创"平台聚集的各类资源,推动产、学、研"双创"资源整合和开放共享;支持大型互联网企业、基础电信企业建设面向制造企业特别是中小企业的"双创"服务平台,鼓励基础电信企业加大对"双创"基地宽带网络基础设施建设的支持力度。

二是培育制造业与互联网融合新模式。支持企业利用互联网采集并对接用户个性化需求,开展基于个性化产品的研发、生产、服务和商业模式创新,促进供给与需求的精准匹配。

三是推动信息消费产品的创新设计发展。探索发展众包设计、用户参与设计、云设计等新型模式,增强自主创新设计能力,推动创新设计在信息消费产品与服务领域的应用。

四是提升智能制造系统解决方案编制能力。加强信息物理系统(CPS)战略布局的顶层设计,加快应用测试验证平台建设,提高数据采集水平,实现工业数据集成,提升数据计算分析水平,为生产类信息消费品的生产制造提供完整的解决方案。

五是持续推进两化融合。以两化融合管理体系为主线，全面推进两化融合管理体系贯标，组织开展两化融合管理对标、评估和诊断，加快建立两化融合评定结果的市场化采信机制，完善两化融合标准体系。

——对《国家信息化发展战略纲要》的解读

发展工业互联网的关键是统筹谋划、提早布局，研究制定工业互联网发展路线图，明确工业互联网发展路径；制定工业互联网整体网络架构方案，开展工业互联网 IPv6 地址资源管理示范工程，科学规划互联网地址资源；深化物联网应用，在食品、药品等领域开展试点示范，培育智能检测、全产业链追溯等新模式；组织开发 CPS 相关工具和应用软件、传感和通信系统协议，在制造业、智慧城市、网络和信息安全等领域加强前瞻部署和应用推广。

——《推进两化深度融合的十大对策》摘录

1. 战略高度

两化融合是我国工业发展的战略抉择。如今，我国正处于工业化发展中期，与此同时，信息化在全球范围内迅速拓展开来。虽然很多国家在完成工业化之后才进入信息化，并将信息化作为国家发展的优先战略，但我国却面临着不同的选择：面对仍有较大上升空间的工业基础和稍纵即逝的历史契机，我们不能等到完成工业化之后再着手信息化，我们只有将二者完全融合，才能走出一条与发达国家不同的道路。

立部之本

2008年3月11日，工业和信息化部成立，主要工作内容有6个方面：产业的政策性规划与监督落实、国家工业日常运作的监测、重大技术装备的发展与自主化创新引导、通信行业的强化管理、指导推进信息化建设以及国家信息安全建设。从工作内容中我们就可以看到，工业和信息化部成立的其中一个目的就是利用更加科学合理的政策引导，为国家发展提速。

此外，工业和信息化部也会为我国的产业在世界工业体系中提升竞争力贡献力量。事实证明，几次工业革命都对世界格局产生了深远的影响，当各国纷纷在工业化与信息化战略的指引下招兵买马时，犹豫即是倒退。早在1993年，美国就开始了"信息高速公路"战略规划，这个耗资4000亿美元的项目，随后被证明是完全正确的，它极大地提高了美国人民的生活质量。

当然，推动工业化与信息化进程，并不是工业和信息化部的唯一职责。除此之外，工业和信息化部还需要在建设国家信息网络，引导技术力量自主研发、创新等方面做出贡献。但所谓万变不离其宗，无论是新科技的应用，还是信息网络的覆盖，这些都会给我国的工业化与信息化带来深远影响。

对国家而言，两化融合的概念有巨大的战略意义，它的顺利落实与中华民族的伟大复兴有直接关联：一方面，两化理念的推行将会给中国综合实力的提升带来良性助力；另一方面，两化融合的推进将会促进我国的产业结构调整，而这种调整与改良将会重塑中国制造业的格局。

在工业化与信息化的道路上，我们本来就已经落后于发达国家，因而，抓紧时间奋起直追才是正确的选择。在努力前行的道路上，单纯依靠"蛮力"是远远不够的，我们需要更专业的团队、更专注的精神，并努力发挥集体的优势，为国家找到一条健康、合理的大融合之道。在此，组建工业和信息化部的目的就是要打造一支更具战斗力的团队来推动民族产业的优化升级。

两化融合，踏出最坚实的复兴之路

世界上没有任何一个事物是孤立存在的，任何"存在"都会引发关联反应。这个道理应用到两化融合上，同样也是适合的。在国内推行发展工业化与信息化，不单单会使工业和信息技术产生质变，同时还会影响到我们生活的方方面面。

除了工业与信息技术之外,两化融合的推进对于我国农业现代化和城镇化的影响也是显而易见的。

所谓"民以食为天",农业发展为一个民族提供了最基础的物质保障,同时它也是两化融合能够平稳推进的根基。发展现代化农业不但能加快农业生产的步伐,而且可以从一定程度上刺激关联产业的协同发展。而城镇化的意义也不可小觑。事实证明,只有一个高度城镇化的国家才会具有更高的消费能力,才能够更快捷地带动内需、刺激地方经济增长。

尽管在过去的时间里,各级政府一直在着力推动农村经济的快速发展,但眼下,农村和城镇之间的差距依然明显,尤其在经济方面,城镇有着压倒性的优势。而一个国家的城镇化建设,必然也会对其自身经济实力产生深远的影响。

过去数十年,我国一直在努力推动农业现代化建设,也取得了可喜的成就。但是与西方发达国家相比,我国的农业现代化还远远不够。我们通常将美国农民称为"农场主",因为这些"农场主"利用自动或半自动化设备,轻而易举地就管理好了自己的土地。因此,只要我们依托已有的工业文明,将现代化信息技术引入农业生产,一人管理大面积的土地的梦想就不是不可能实现的。

同时,农业生产效率的提高也必将释放出大量的劳动力,这也将促使我们加快城镇化建设的脚步。城市人口增多、物质需求上升会重塑以信息技术为核心生产力的现代化工、农业体系。因此,两化融合的意义不单单是为工业和信息产能注入能量,同时也在于它能够将与其相关的要素整合起来,以实现更可观的效果。

在雄厚的经济实力的支持之下,我国的科技发展水平以及国际地位都将得到显著提升,这将推动我国迈入一个更加宽广的发展平台。因此,两化融合理念的提出,不仅承载着国人"勤劳致富"的梦想,还肩负着一个民族的伟大复兴梦想。

2."制造强国"战略,吹响由大变强的冲锋号

在全球制造业进入"工业 4.0"时代的背景下,世界各国纷纷将制造业提升为新一轮工业革命的重心。因此,在美、德、日、韩相继提出"再工业化""工业 4.0""互联工厂"等战略之际,我国出台了"制造强国"战略,力求实现由"工业大国"到"工业强国"的绚丽蜕变。

制造业是强国利器。历史证明,没有强大的制造业,国家就无法强盛起来。因此,打造具有国际竞争力的制造业,是我国提升综合国力的必经之路。改革开放以来,我国制造业快速发展。但与世界先进水平相比,我国制造业在自主创新能力、产业结构水平、信息化程度等方面差距较大,转型升级任务迫在眉睫。

智能制造催生出的"排头兵"

在信息化发展层次上,浙江省于 2014 年就已经出台了相关指导意见。2016 年上半年,杭州市余杭区的信息经济增加值

达到 324.78 亿元，同比增长 31.9%，位列杭州市第一。信息经济主营业务包括数字内容、大数据、移动互联网、云计算、电子商务、信息软件等，收入增幅均在 50% 左右。信息化与工业化的融合推动了余杭区制造业与信息经济的发展，区域内多家企业在大幅度投产智能制造，效果极为显著。

举例来说，杭州老板电器股份有限公司的智能化作业流程大致可以表述为即便物流仓储中心空无一人，云梯也能按部就班地往返于各层货架，自主进行装卸作业。机器能遵循一定的地面轨道，载满货物有条不紊地穿梭其中，然后通过传送带将货物运到等待装车出发的物流车辆上。

相较而言，传统的工业模式倾向于"出现问题，事后分析"，而智能制造却能够实现实时监控，实现"防患于未然"，更重要的是，它能够在自我反馈之后，进行自我调整。所以说，智能化操作的应用，可以让工厂整体效率提升，节省了大量的人力与物力。

余杭区在智能制造上的尝试和发展，也对整个浙江省的智能制造起到了一定的探路意义。余杭区过去的产业多为装备制造业，如今，其产业范围延伸到了新能源、高端装备制造、节能环保等战略型新兴产业，并且融入了"互联网+"的元素，使智能化发展道路愈发清晰起来。

智能制造无疑改变了整个余杭区的生态。但是，知识产权限制、高端技术欠缺、人才资源匮乏，以及缺乏软硬件一体化使智能制造的发展受到了一定程度的阻碍。另外，两化融合之下,跨界融合正在轮番上演,而这项发展需要一定的时间过程。尽管困难重重,我们依然可以乐观地设想,未来一段时间,智能制造将在中国工业领域遍地开花,形成一股不可忽视的力量。

 余杭区:智能制造试验的主战场

杭州市余杭区位于杭州市北部,在互联网公司阿里巴巴的带动下,余杭区现已成为杭州市乃至浙江省信息经济的主战场,更是成为浙江省区域经济转型升级的重点样本之一。

早在2014年,浙江省已是全国最早出台信息化发展指导意见的省份。2016年上半年,余杭区信息经济增加值达到324.78亿元,同比增长31.9%,总量、增速均列杭州市第一,占全市GDP的53.2%。其中,信息软件、数字内容、电子商务、移动互联网、云计算与大数据等主导产业实现主营业务收入增幅均在50%左右。

信息经济与制造业的发展无疑已成为余杭区快速发展的一个动力。地处余杭区的杭州老板电器股份有限公司在物流仓储部分大力发展智能化操作,其物流仓储中心内空无一人,云梯在各层货架上自动装卸货物,满载货物的机器在地面轨道上有序运行,然后通过传送带将油烟机等货物运往厂房外等待的物流车辆,随即发往全国各地。进行智能化操作后，杭州老板电器股份有限公司的工厂整体效率提升了30%以上，人力消耗由800多人节省到500多人。与其类似的是实施了大数据智能化改造的浙江春风动力股份有限公司，它建设了"智能制造数字化工厂"，通过智能制造指挥中心将企业信息化延伸到生产车间并直达最底层的生产设备，使人均效率提升了30%，设备使用效率提升了25%，库存周转率提高了50%。另外，余杭区的传统家纺企业也正在借助互联网推动转型，例如，爱德纺织（杭州）有限公司以大数据为依托，着力打造私人织造App项目，借力互联网实现私人个性化定制。

下一步，余杭区希望打造一批智能制造的龙头企业，总体上要培育56家5亿元以上的大型企业。在智能制造领域要确保有30家乃至40家大企业集团。另外，还要培育70～80家中小型智能制造潜力企业。余杭区通过加大企业技改项目补贴、提供技术人才支撑等手段，支持企业进行原始创新、集成创新和引进消化吸收再创新。余杭区成功引进了中科院理化所杭州分所、航天华东先进技术创新中心等高端项目。

智能制造无疑改变了整个余杭区的生态，对杭州乃至整个浙江来说，余杭区多家企业在智能制造上的发展与尝试，有着探路意义。

"工业4.0",奏响工业革命的新乐章

想要提高我国在世界贸易体系中的地位,就必须先做好产业升级。我国将在未来打造一个更新的产业体系。彼时,技术含量更高、污染程度更低、产品质量更佳、产能结构更优的"中国制造"将会浮出水面,中国的"工业4.0"时代也就真正来临了。

我们在打造本国"工业4.0"时,也应当注意到在向着一个宏伟目标奋进之时,自己的根基是不是也得到了良好的维护,同时,我们还应当采取哪些措施。这些是需要各级政府因地制宜、因时制宜地详尽考量的。

从根基方面来说,要想全面建设"工业4.0",我们需要清楚当前中国工业到底处于一个什么样的历史时期。通过与工业发达国家之间的对比,我们可以确认的是,中国工业目前还没有达到"3.0"阶段。

就现阶段而言,我国工业的历史任务就是强化基础,并向更高的目标不断奋进。

当前,相对于工业化成熟的国家,我国在渴求变化、接受新生事物等方面存在优势;而对比那些工业基础薄弱的国家,我们又有着较强的专业实力与历史沉淀。在此,我们务必要坚持以科学技术为核心、以产业升级为目的的方针政策。只有将信息化与工业化融合,"两手抓、两手硬",才能保证民族产业立于不败之地。而且,在具体的施政时期,各级政府还应当细

致地考量自身的现状，务必做到因地制宜、与时俱进。

因此，推进两化建设的时候，一定要保持清醒的头脑，时刻不忘结合地方现状，紧跟时代步伐。只有这样，才能为"工业 4.0"时代铺平道路。

在完成"工业 4.0"历史任务之后，我们又应当遵循什么样的方针政策呢？永不止步是一个民族保持先进性的重要路径，"工业 4.0"绝对不会是人类文明的极限。未来必然会存在各种变数，或许在那样一个历史时期，当前的世界格局和动力能源都会发生改变。但可以预见的是，自然环境与油气资源依然是制约每一个民族发展壮大的重要因素。

3. 制造业与互联网融合，奏响两化融合的新乐章

2016 年 5 月 20 日，《国务院关于深化制造业与互联网融合发展的指导意见》发布，提出深化制造业与互联网融合发展，加快"制造强国"建设。

"互联网 + 制造"是互联网在制造业领域的广泛渗透与深度应用，是"互联网 +"的重要内容，是信息化和工业化深度融合的新阶段，也是新一轮产业变革的核心特征与关键领域。全球正处于以产业变革重构竞争格局的关键阶段，发达国家已率先行动、加快布局，力图形成互联网和制造业的双重优势叠加，把握主导权。我国经济发展步入新常态、制造业转型进入攻坚期，借力互联网在共享、协同、聚集等方面的优势实现创新发展的诉求日益迫切，加快促进我国互联网与制造业更广、

更深、更快地融合创新，对驱动制造业数字化、网络化、智能化发展，激发万众智慧助力新型工业化建设具有重要的现实意义。

我国经济发展进入新常态，制造业依靠大规模投资、低成本要素投入和出口拉动的传统模式已难以为继，必须加快新旧动能转换，努力向中高端水平迈进。"双创"通过集众智、汇众力，极大地激发了制造业的创新活力，在增加有效投资、创造有效供给和引领消费需求方面发挥着积极作用，推动制造业向更多地依靠创新驱动转变。

一是"双创"挖掘传统制造业的发展潜力。相比欧美发达国家，我国制造业总体上还处于价值链中低端，钢铁、轻工、机械等传统制造业存量庞大，转型升级既有压力也有潜力。通过"双创"注入新技术、新管理、新模式，传统制造业正在加快优化升级步伐。以消费者需求为中心的"互联网+"，彻底革新了以往"生产什么卖什么"的理念，倒逼传统制造企业瞄准市场加速创新。一些企业通过组织结构与管理机制创新，加快向扁平化、平台化的创新型组织转型，极大地释放了企业内部的创新活力，催生了大量新技术、新产品、新业态和新模式。一些企业借助跨领域、协同化、网络化创新平台，更便捷地获取和使用外部创新资源，有效地提升了企业的设计、制造、管理和服务水平。"双创"还推动传统制造企业运营模式变革，"设计+用户""制造+电商""营销+社交"等新模式不断涌现，加速制造业向研发设计、增值服务等价值链高端环节延伸。

二是"双创"加速先进制造业的发展步伐。先进制造业是制造业创新发展的着力点,是培育新产业、新动力的重要方向。"双创"改变了渐进式的产业升级路径,为企业整合利用全球资源、实现高端进入提供了难得的机遇。在"双创"过程中,一批全球性、跨行业的开放式创业创新平台蓬勃兴起,有效集聚了各类企业、研究机构、专业人才及风险投资等创新资源,通过协同设计、众包研发、创新联盟等方式联合攻关,加速突破一批关键共性技术,在高起点上推动先进制造业发展。"双创"加速了工业技术和信息技术跨行业深度融合,催生了云制造、无人工厂、大规模个性化定制等新型制造模式,推动制造业开启智能化进程。"双创"还促进了国家实验室、工程技术中心等大型科研设施的开放利用,降低了企业新技术、新产品的研发成本,促进新材料、高端装备、生物医药等战略性新兴产业创新发展,这些正在形成制造业新的增长点。

三是"双创"推动制造业由生产型向生产服务型转变。适应制造业与服务业融合发展的趋势,由生产型向生产服务型转变是制造业转型升级的重要路径。"双创"激发制造企业竞相开展管理创新、模式创新和业态创新,开拓个性化定制、全生命周期管理、远程运行维护等服务,并不断向产业链的其他环节延伸,面向行业提供技术研发、产品设计、大型设备融资租赁、行业电子商务和专业物流等服务,正在成为企业新的盈利点和转型方向。一些大型制造企业通过"双创",加快从生产制造向提供系统集成和整体解决方案的服务化转型，显著提高了企业的经济效益和管理水平。在催生生产服务型制造的同时，"双创"还促进信息流、技术流、资金流和物流的贯通与整合，大幅降低了制造企业服务化转型的成本，推动制造业与服务业加速融合，不断提升发展的质量和效益。

四是"双创"促进大、中、小企业协同发展。建设"制造强国"既要有大企业发挥旗舰引领作用，也要有众多中、小企业分工配套合作，形成大、中、小企业协同共进的新格局。"双创"所秉承的"不求所有、但求所用、成果共享、风险共担"的理念正推动不同规模、不同所有制的企业突破自身边界，形成协同共生的产业生态系统。在"双创"实践中，大企业充分发挥资金、技术、人才、客户资源等优势，通过设立产业投资基金、开展供应链金融服务、搭建创业孵化平台和协同创新平台等模式，加速创意孵化和技术成果产业化，助推一批中、小企业快速成长。一些大企业组建的面向行业的开放式创新平台成为技术联合攻关和人才培养的新高地，也为大、中、小企业协同发展提供了新路径。"双创"还催生了一批服务全行业的第三方资源平台，有效促进了大、中、小企业间的资源协同与供需对接，推动形成一批竞争优势明显的虚拟制造产业集群。

"双创"平台的强势动能

《国务院关于深化制造业与互联网融合发展的指导意见》明确提出，要激发制造企业的创新力量、转型动力和发展潜力，致力于建设制造业与互联网融合"双创"平台,积极培育新业态,推动制造业提质增效升级。

作为推进制造业提质增效升级的强大动力,"双创"激发了传统制造业的发展潜力,并在此基础上带来了新的发展技术和管理模式,加快了传统制造业优化升级。同时也加速了先进制造业的发展步伐,大规模的创业创新实践应运而生,就此催生出了一批全球性、跨行业的开放式"双创"平台,此类平台实现了各类研究机构、不同行业企业、各个专业人才,以及风险投资等创新资源的集聚,也为突破关键共性技术、开展联合攻关创造了条件,开启了制造业智能化的进程。在管理模式和业态的创新方面,"双创"平台推动了制造业由生产型向生产服务型的转变,为提升企业发展的质量和效益提供了新动力。

在"双创"平台的发展进程中,大企业成为主要的推动力量。作为国民经济主体,大企业是我国财政收入的主要来源。因此,大企业的"双创"平台,成为制造业"双创"的重要抓手。

对于大企业来说,"双创"平台的建设过程是企业综合集成水平的不断提升、产业生态的逐步完善,以及新型能力的培育。当然,在两化融合的过程中,"双创"平台也推进了管理模式的持续创新,促进了工业化的发展进程。

近年来,我国开展两化融合的思路主线是培育企业在互联网时代的新型能力,包括协同研发设计、大规模个性化定制生产管控、供应链协同管控、制造业服务化转型、网络化经营管控、财务管控互联网化等能力。企业建设"双创"平台,目的是激活企业的技术、装备、系统、流程和组织,构建新的发展理念、商业模式和管理模式,培育企业互联网时代背景下新的竞争优势。

现阶段,政府推进大企业建设"双创"平台的主要工作包括建设制造业互联网"双创"平台;总结推广大企业"双创"典型经验;完善优化大企业"双创"发展环境。

围绕实施创新驱动发展战略、激发创新活力和完善创新体系,工业和信息化部出台了《制造业"双创"平台培育三年行动计划》,组织开展制造业"双创"平台试点示范项目,举办全国大企业"双创"典型经验交流电视电话会议,开展系列专题培训和现场会活动,整理发布《大企业"双创"典型案例集》,推进大型制造企业"双创"平台建设工作和典型经验宣传推广,提升了社会各界对制造业"双创"的关注度和认同度,促进行业内形成"讲'双创'、抓'双创'"的良好工作氛围。

一是推动大型制造企业积极构建基于互联网的开放式"双创"平台。围绕推动企业转型升级、增强企业核心竞争力,海尔、中航工业、航天科工、中信重工、联想、小米等制造企业通过打造"双创"平台,构建新型研发、生产、管理和服务模式,逐步提升企业内部的整体创新能力和水平。这些"双创"平台已成为技术攻关、创业孵化、投融资和人才培养的高地,为大、中、小企业协同发展提供了新路径。截至 2017 年上半年,制造业骨干企业"双创"平台普及率达 60%。航天科工的云网平台注册用户已突破61万家，开放了126款大型高端工业软件、3000余项设备设施，以及数万项技术标准、知识产权及专家库等资源。海尔的"双创"平台聚集了上亿用户资源、280多万份设计资源，为近百家公司提供创新设计服务。

二是推动大型电信运营企业和互联网企业积极构建面向中、小企业的"双创"服务平台。互联网等新一代信息技术对制造业等实体经济的渗透、融合不断深入，凭借网络基础设施完善、平台资源丰富、用户众多等优势，中国移动、百度、阿里巴巴、腾讯、猪八戒网均建设了为中、小企业服务的第三方"双创"平台，通过"大手拉小手"，积极营造大、中、小企业合作共赢的"双创"新环境。例如，阿里巴巴与富士康联合构建"淘富成真"平台，将富士康的制造、供应链等能力与阿里巴巴的大数据、云计算、电子商务等能力对外开放，为创业者提供研发设计、智能硬件、云计算资源、电商渠道等平台化的"双创"服务，成功孵化了"意念赛车"等一批科技项目。另外，基于互联网的创业创新载体也不断涌现，中国电信等28个"双创"示范基地均已建成。

建立企业"双创"平台存在以下5点优势：第一，围绕挖掘企业内部创新潜力，推动组织管理创新；第二，围绕利用企业外部创新资源，搭建开放创新平台；第三，围绕创新技术与产业前瞻布局，建立创业孵化器；第四，围绕盘活企业闲置资产，开展创业投资服务；第五，围绕外溢企业内部创新优势，拓展企业产业链条。

当前，基于互联网的大企业开放式"双创"平台不断涌现，有力促进了"大众创业、万众创新"。一方面，海尔、中航工业、中信重工等制造企业通过打造"双创平台"，开放各类资源，构建新型研发、生产、管理和服务模式，有效提升了企业内部整体创新能力和水平，对于推动制造业转型升级发挥了重要作用。另一方面，中国移动、中国电信、阿里巴巴、腾讯、百度等基础电信运营商和互联网企业充分发挥自身优势，努力构建为中、小企业服务的第三方"双创"平台，并积极营造大、中、小企业合作共赢的"双创"新环境，通过"大手拉小手"开创了大、中、小企业联合创新创业的新局面。

当然，现阶段的"双创"平台建设同样存在一些问题。很多大企业对"双创"平台的认知程度有限，加上大企业内部结构错综复杂，接受创新改革将是一个漫长的过程；"双创"平台贵在创新，而社会中缺乏的就是创新型的人才；政府推出的政策体系有待完善，宣传力度亟待加强；想要实现创新发展，尚需市场环境的优化配合。

鉴于以上问题，以下有4点建议可供参考。

首先，加强"双创"理念的宣传推广。通过案例引导、企业培训以及示范推广的手段，推动在企业中建设"双创"平台。

其次，加快高端人才培养。借助现有的企业专业创业孵化器的技术优势，在行业前沿技术创业创新孵化过程中，联合培养一批信息化和互联网创新人才。加强企业与高校合作进行人才培养，充分结合高校基础研究与企业应用创新，培养一批能力突出的信息化人才。支持发展一批面向全球的开放创新平台，吸引行业内国际领先人才与专家到国内工作，充分发挥网络平台集聚人才的作用，开放利用全球人才资源。

再次，健全政策支持体系。加快研究完善制造企业"双创"政策中长期目标、发展路线图与阶段任务，推动形成长期稳定的战略规划。制定分区域、分行业的推进政策，加快先行区域、行业成功经验推广，支持后进区域与传统行业探索有效路径与模式。指导地方研究制定适应本地发展阶段与特征的制造业"双创"政策文件，做实地方政策措施，出台企业易懂、宜用、易用的政策工具。加强地方引导与支持政策的宣传推广，通过政府网站、园区、孵化器等多渠道做好相关政策的政务公开与广泛告知。

最后，完善融合创新的外部市场环境。加强金融体制改革与创新，强化对虚拟市场投机、内幕交易等的监管，引导创新资源向实体经济流动，推动形成浓厚的创业、创新氛围。加强知识产权保护，加大对侵权违法行为的查处与经济惩罚力度。更好地发挥优胜劣汰市场机制的作用，切实保护好企业的创新收益。支持创业企业利用自身品牌优势、渠道优势、营销优势助力创新产品推广。鼓励地方打造具有高质量技术创新产品的地标品牌。

荣事达"双创"平台

合肥老牌企业荣事达电子电器集团(简称"荣事达")是中国知名的家电品牌,其主导产品为洗衣机、电冰箱,同时涉及小家电、太阳能热水器、厨卫电器等多元化产品。荣事达作为安徽省唯一一家入选"双创"企业示范基地名单的企业,秉承企业自身的创业、创新基因,以开放的心态和机制体制的创新,在企业的"双创"生动实践中书写典范。

与一些只提供启动资金、场所、创业辅导等简单扶持的创业孵化器相比,荣事达将自身的九大优势资源:资金、品牌、信息、技术、管理、文化、人力资源、硬件和市场全部整合在同一个平台上,全要素对外开放,以实现企业资源和创客需求的全方位对接。荣事达将创业项目分为创客期、创业期和成长期3个阶段,针对不同阶段的需求导入相应的要素资源:在创客期重点导入硬件、初始资金、信息等基础要素,为创客提供良好的创业空间,将创业理念迅速变为可视化产品;在创业期则注重弥补技术短板、规范管理,将创业团队、创新产品纳入企业管理范畴,重点提升管理质量和产品品质;在成长期导入大型资本和营销渠道等,使项目加速成长,以提高产品的营销规模和盈利空间。在项目发展的不同时期,相关职能部门还会提供数据分析、运营指导、研发和技术管理方案等,使初创企业可获得持续性的资源对接和成长支持。

通过分阶段投入要素和全程精细化扶持,荣事达"双创"

中心没有成为一个简单的、机械的资源平台，而是打造出一个良性的、符合企业成长规律的生态环境。同时，创客们从一开始就较好地融入了荣事达的企业文化，为双方此后的共赢发展奠定了基础。

荣事达不仅有"双创"中心，打造了聚合社会资源的平台，还创新体制机制，建立了与"双创"匹配的合伙人与事业部制度，企业和创业团队成为利益共同体，共享发展成果。创客进入"双创"中心初期，荣事达免费提供资源，承担风险。创业项目过了初创期，经过认真评估后，创客可与荣事达签订合作条款，确定股比分成，成为合伙人，项目进入事业部发展。通过这种体制创新：一方面，一些创客成为合伙人后，按照股比分成，一两年就能有可观的收入；另一方面，荣事达也在这一过程中不断发展壮大，不仅各个事业部的产值保持高速增长，而且新增就业岗位，解决了传统产品生产下降造成的企业冗员问题，为荣事达的产品转型升级创造了条件。

荣事达通过开放大企业的优势资源，对创新、创业全过程分阶段精准扶持，优化了各种要素的高效配置，不仅提高了创新、创业的成功率，也激活了全社会的创新能力，实现了企业自身资源与社会资源的整合和优势互补。

"互联网+制造业"的融合乐章

制造业是国民经济的主体，是实施"互联网+"行动的主战场。"互联网+制造业"的融合，能够形成一定的叠加、倍增和聚合效应。《国务院关于深化制造业与互联网融合发展的指导意见》指出，在此项融合过程中，要致力于创新驱动，激发转型新动能，以期获得新的企业运作模式，提高制造业的综合竞争实力。

在"互联网+制造业"的融合发展过程中，其所带来的综合效应就是企业生产模式的创新，具体表现为网络化协同制造、个性化定制，以及服务型制造。

以互联网为代表的新一代信息技术正在与我们的生产生活相融合，深刻地影响着社会的方方面面。这是一个信息时代、互联网时代，也是一个融合的时代，融合发展是这个时代的主题和主基调。互联网与生产中的技术、产品、产业相融合，催生出一批融合发展的新业态、新模式；互联网渗透到每个人的生活、工作和发展中，为我们带来了效率和便利，同时也带来了诸多挑战。美国、德国、英国、韩国等发达国家纷纷通过发布宣言、战略和计划来促进本国的实体经济与互联网等新一代信息技术相融合，以提高本国在国际市场上的竞争力，并希望在以连接和智能为重要特征的第三次信息技术革命中抢占先机。制造业与互联网的融合过程是激发企业创新活力、催生新模式和新业态、拓展企业发展新空间的过程。从目前来看，发展方向明确、模式基本成熟、应用效果显著的主要是网络化协同制造、个性化定制和服务型制造。

首先，基于互联网的网络化协同制造平台打破了地域限

制，通过更加灵活、更有效率的方式聚集资源，可实现企业内部以及企业之间研发设计、生产制造的协同共享。

其次，传统产品将被具有感知、存储和通信功能的智能产品取代，消费者正成为深度参与生产制造全过程的产销者，传统的大批量集中生产方式加快向分散化、个性化定制生产方式转变。山东青岛红领集团引领服装个性化定制模式，消费者直接在服务平台上提出需求后，柔性化生产线即可迅速响应，这一模式既以批量化的生产形式控制了生产成本，又以个性化的产品形态满足了用户需求。

最后，在市场竞争日趋激烈、生产要素成本不断攀升、供需对接日益便捷等因素的作用下，制造本身在制造业产品附加值中所占的比例越来越低，增值性服务逐渐成为企业竞争的新焦点。徐州工程机械集团有限公司（简称"徐工集团"）、三一重工股份有限公司（简称"三一重工"）、陕西鼓风机（集团）有限公司（简称"陕鼓集团"）等企业通过互联网等技术开展远程监测、诊断和维护等产品全生命周期服务，三一重工已为全球超过20万台设备提供实时监测和远程运维服务，3年新增利润超过20亿元，服务成本降低了60%。

围绕培育制造业与互联网融合新模式，工业和信息化部组织开展了制造业与互联网融合发展试点示范，以示范引领基于互联网的制造业技术、模式、业态等创新。

一是降本增效，支持大型制造企业发展网络化协同制造新模式。围绕深化制造业与互联网融合发展，依托科技重大专项、工业转型升级、技术改造等专项资金,支持培育网络化协同制造等新模式,工业和信息化部遴选了109个试点示范项目,通过示范引领取得了良好的社会效益和市场效益。中国商飞在研制C919大型客机的过程中,通过网络化协同制造平台,实现了200多家国内企业、20多所高校,以及17家国际机载系统供应商的跨领域、多主体、全球化的协同创新,缩短了研制周期,降低了研制成本。

二是优化供给,推动制造企业通过个性化定制精准施策。围绕实现资源最优配置、深化供给侧结构性改革,工业和信息化部支持家具、家电、服装等行业培育了一批大规模个性化定制新模式,推动成立了"找纱网""七彩云商城"等一批工业电子商务平台。这些行业利用互联网平台和智能工厂建设,将用户需求直接转化为生产排单,增强了有效满足市场多样化需求的精准供给能力,解决了制造业长期存在的库存和产能问题。凭借个性化定制模式,韩都衣舍的当季售罄率达97%,库存接近为0。山东青岛红领集团2016年个性化定制销售收入和利润同比翻番。通过发展定制家具,2016年索菲亚家居公司收入和利润同比增幅均超过40%,曲美家居公司的净利润同比增幅高达90%。

三是转型升级,推动企业通过服务型制造挖掘产品的附加值。工业和信息化部组织开展试点示范,推动企业通过培育远程在线服务、产品全生命周期管理与服务、网络精准营销等服务型制造新模式,从销售产品向提供增值服务转型。开展远程在线服务、产品全生命周期管理与服务、网络精准营销的企业比例分别为 19.1%、12.1%、7.9%。陕鼓集团在转型中不断拓展服务业务，实现了从出售单一风机产品向出售个性化解决方案和系统服务的转变，2015 年其利润占全行业的 1/3 以上。

网络化协同制造主要作用于企业生产制造的全过程及全产业链，贯彻在产品的整个生命周期以及实施智能制造等工程中。 例如，2015 年 3 月 12 日，上海汽车集团股份有限公司携手阿里巴巴建立了上汽阿里互联网汽车产品设计创意众包平台，由此推动了互联网汽车个性化设计创意的在线集聚。

但是，智能制造的发展是一个漫长的过程，首先，在建设智能工厂方面，大型企业陷入了两难境地：建设智能工厂需要投入大量的资金，然而获得收益的回报期却需要 3～5 年。但是，智能制造已经成为制造企业的发展大势，企业倘若做不到紧跟潮流，那就只能被市场淘汰。

上海明匠智能系统有限公司（简称"明匠公司"）响应"互联网＋制造业"的发展大势，深知智能制造的重要意义，在制造业的基础上，充分发挥互联网信息技术的作用，对制造设备进行数据采集、集成和处理，通过改造自动化设备、生产关键智能设备，以及设计工业网络架构，得出了一系列智能工厂设计、规划、改造、实施等系统解决方案。

作为一家智能制造服务公司，明匠公司致力于帮助其他制造企业改造或新建智能工厂，并以此获得工厂部分或全部所有权，制造企业根据每年下线产品数量向明匠公司支付加工成本，而这项加工成本相比使用智能制造之前，已经大大降低了。

制造业发展的个性化需求体现在产品的个性化定制上，用户参与创新成为"互联网+"的重要时代特征，并且也在逐步演变为推动商业模式和服务模式创新的重要力量。制造业企业的创新发展开始借助社会力量，通过云服务和服务网等手段，将个人智慧广泛集纳起来，建立服务个性化的商业模式。

"谁能把用户带进网络时代，谁就能赢。"这表明了互联网时代的特性。2015年5月16日，海尔推出了个性化定制服务，用户可以根据自己的喜好和需要，定制家电的颜色、材质和功能等要素。此外，海尔还推出了具有体感感应、自动开盖、面料颜色智能识别功能的智能洗衣机。

服务型制造实现了企业从制造向"制造+服务"的转型升级，服务化需求则是互联网时代一种全新的商业模式和生产组织方式。基于产品的增值服务已成为国际大型制造企业的主要收入来源。陕鼓集团自2001年起就开始从出售单一产品向出售解决方案和服务转变，从产品经营向品牌经营转变，完成了从制造业向制造服务业的转型，成为国内风机行业的领军企业。

不只是网络化协同制造、个性化定制以及服务型制造，"互联网+制造业"的进程还催生并推动了共享经济的发展，在传统制造业的生产过程中，企业在多数情况下只为个人消费者服务，并致力于分享消费资料，以达到提高交易效率的目的。而制造业与互联网的碰撞，使企业的服务对象开始由个人消费者转向企业，所分享的信息也转向了企业的生产资料，制造业企业开始致力于生产效率的提高。

所谓共享经济，其直接目的是降低基础设施设备的购买成本。共享经济模式能够以租用、按时计费、按件计费的方式代替购买活动，从而实现了资源利用的最大化。共享经济还延伸到了技术人员和维护人员的领域，通过较低价格的人才共享，缓解了人才短缺的燃眉之急。一些优质制造资源也能够以低价的形式进驻中、小企业，从而拉动了整个社会的经济发展。

优制网作为共享经济的典型案例，其主营业务是为企业提供制造资源、制造能力以及技术服务共享平台。在优制网上，企业可以将自身闲置的资源放在共享平台上，也可以在平台中寻求自己需要的资源，从而实现低成本获取资源的目的。而且，为适应移动端用户，优制网还推出了App。

在"互联网+制造业"的融合发展中，信息技术与工业技术在制造业领域获得了长足的发展，同时也促进了制造业的创新，为企业带来了全新的生产模式，推进了两化融合的发展进程。

海尔众智坊：引领市场个性化定制

随着时代的进步，仅依靠商场提供的信息来引领消费者购物的时代已经一去不复返了，人们对个性化定制的需求越来越高，消费者的需求也比以往更加苛刻。作为全球大型家电第一品牌的海尔顺势而为，改变了传统单一化大规模制造的生产方式，转向以用户需求为核心的大规模定制生产方式。

2017年1月,海尔众智坊正式发布。众智坊平台的原型是海尔旗下的GEA众包网First Build平台。它相当于一个协作社区,每个产品从设计、制造到售卖,整个过程都可以在这个社区中实现。在功能服务上,众智坊既面向用户收集创意,开启个性化定制服务,也面向创客,为其提供设备、人才、技术等,进行创客空间、创业孵化器的经营管理,从而形成双向服务的差异化竞争优势,引领中国市场的个性化定制;在生产制造上,众智坊既实践海尔"人单合一"的差异化模式,又拥有GEA的生产、技术优势。

互联网时代引爆了"用户个性化"需求。因此,海尔的生产制造从过去的大规模制造,转变成现在的大规模定制,就是为了更好地解决消费者"千人千面"的需求。目前,海尔已建成8个互联工厂,形成了颠覆传统的互联工厂制造体系,完成了商业模式和制造模式的变革实践。同时,海尔通过众智坊等平台前联研发、后联用户,进而打通整个生态价值链,实现用户、产品、机器、生产线之间的实时互联。海尔众智坊平台通过用户、创客的双向资源优势打造虚实融合平台,进而形成一个以用户体验为中心的大规模定制切入的生态体系,力争成为中国制造的全球引领。

陕鼓集团：做服务型制造商

陕鼓集团是中国设计、制造以透平机械为核心的大型成套装备的集团企业。自2001年起，陕鼓集团从出售单一产品向出售解决方案和服务转变，从产品经营向品牌经营转变，完成了从制造业向制造服务业的转型，成为国内风机行业的领军企业。

陕鼓集团努力在产品的全生命周期——产品开发改进、生产制造、安装调试、售后服务等全过程，对服务范围进行拓宽和延伸。如果说单一产品只是提供给客户一个"产品"，那么，陕鼓集团的系统解决方案就是提供给客户一套"功能性"服务，而其中的专业化维修服务、专业化远程状态服务、备品备件服务和金融服务这些"专业性"服务，则是陕鼓集团对传统售后服务的颠覆性延伸和拓展。与客户建立服务关系，成了陕鼓集团获取未来新产品业务的一条极佳途径。

专业化远程设备状态服务

风机设备的稳定运行对客户整体系统的正常运转具有重要的作用。为此，陕鼓集团把信息技术"嫁接"到传统产业上，研制开发了旋转机械远程在线监测及故障诊断系统。陕鼓集团将旋转机械产品销售给全国各地的用户后，同时会将这些产品装上监测装置。当设备处于运行状态时，通过互联网，远在陕鼓集团监测中心的工作人员能够对设备进行全过程、全天候的状态监测，一旦设备运行出现问题，陕鼓集团的专家组会立即通过网络为用户检修，快捷省时，也为客户节省了设备维修团队的成本。

专业化备品备件服务

专业化备品备件服务是指作为设备制造厂商的陕鼓集团向客户提供的备品备件服务。也就是说，客户在使用由陕鼓集团提供的设备时不用提前进行备品备件储备，转而由陕鼓集团负责储备，陕鼓集团为客户提供服务，使客户实现了备件零库存。一旦机组出现问题，陕鼓集团可以马上供应这些备件。对客户而言，既减少了资金占用和保管费用，还不用担心因未储备某种备件而产生的紧急需要。

为客户提供融资服务

陕鼓集团在实践中发现，有些下游客户的项目很好，却苦于短期内缺乏资金。于是陕鼓集团开始探寻一条将产业资源与金融资源系统整合的路径，希望形成共赢的合作模式与运作机制。对此，陕鼓集团提出了"金融企业＋核心企业＋客户企业"三位一体的融资服务模式，由核心企业（生产者）与客户企业（购买者）建立市场联系，引入金融企业（商业银行）向客户企业提供贷款，配以核心企业向客户企业回购的机制，以降低核心企业和金融企业的共同风险。这种模式的优点在于：对于金融企业来说，通过取得总行批准的专项授信，扩展了金融产品范围，实现了在融资服务方面的业务创新。对于大宗装备制造产品生产的核心企业来说，这一举措扩展了其产品市场，提升了企业的竞争力；对于客户企业来说，其突破了原有的资金瓶颈，保证了创利项目顺利实施。

近年来，陕鼓集团累计为 10 家客户的 14 个项目提供了融资服务，实现订货达 10.16 亿元。这既扩大了陕鼓集团的产值规模，提高了其主导产品的市场占有率；同时又延伸了陕鼓集团的产品内涵，拓展了市场，强化了供应链的经营能力。金融服务成为陕鼓集团新的"利润增长点"。

夯实产业基础

《国务院关于深化制造业与互联网融合发展的指导意见》提出要重点提升基础技术和产业支撑、工业信息系统安全、行业系统解决方案 3 种能力。

工业有"四基"，包括关键基础材料、核心基础零部件元器件、先进基础工艺和产业技术基础，我国在上述领域的发展是相对薄弱的，这已成为制约我国制造业发展的"卡脖子"问题，因此我国提出要实施"工业强基工程"，强化工业基础能力。《国务院关于深化制造业与互联网融合发展的指导意见》则从抢占产业竞争制高点、打造产业发展生态系统的角度出发，指出在制造业与互联网融合发展的新阶段，制造业基础的内涵更加丰富，并提出了支撑制造业与互联网融合发展的 3 种能力。

首先，加快自动控制与感知（一硬）、核心软硬件（一软）、工业云与智能服务平台（一平台）、工业互联网（一网）等新型基础能力和平台设施建设，这既是加强"工业2.0"补课、"工业3.0"普及的现实需要，也是支持我国实现"工业4.0"示范发展的客观要求。在推动制造业与互联网融合发展的进程中，我国"新四基"基础薄弱。在自动控制和感知领域，欧、美、日等国家和地区的企业在高端可编程逻辑控制器（Programmable Logic Controller，PLC）市场的占有率超过80%，它们通过将工控网络产品和装备捆绑销售，形成了事实标准。我国工业领域的传感器主要依赖进口，传感器核心材料和器件市场基本被跨国公司垄断。在核心工业软件领域，研发设计工具、制造执行系统、工业控制系统、大型管理软件等通用产品主要依靠国外软件，面向航空航天、冶金化工、消费电子等特定行业的研发、工艺、测试、验证环节的专业软件严重缺失。在工业互联网领域，工厂网络静态配置、刚性组织的方式难以满足未来用户定制、柔性生产的需要，工业控制网络技术呈现"诸侯割据，各自封闭"的状况，网络、数据、软件集成面临协议标准缺失的制约。在工业云与智能服务领域，GE、西门子、SAP等跨国公司围绕构建智能制造产业生态、抢占制造业竞争制高点，以工业云和大数据分析平台为载体，加快全球战略资源的整合步伐，已经取得了阶段性成果。

其次,在制造业与互联网融合发展解决方案方面,提出实施融合发展系统解决方案能力提升工程,面向重点行业建设智能制造单元、智能生产线、智能车间、智能工厂,培育一批面向重点行业的系统解决方案提供商,组织开展行业应用试点示范,力争形成一批融合发展行业优秀解决方案。

最后,在制造业与互联网融合安全保障方面,提出实施工业控制系统安全保障能力提升工程,健全完善工业信息安全管理等政策法规和标准体系,开展安全保障试点示范,依托现有科研机构建设安全保障中心,致力于破解制造业与互联网融合面临的安全保障不强的问题。

围绕数据采集、传输、处理、应用等关键技术自主可控程度低、研发应用水平不高等瓶颈问题,推动感知与自动控制技术、工业软件、工业网络、工业云和智能服务平台、工业信息安全等方面的发展。

一是夯实自动控制与感知技术基础。组织实施"芯火"计划和传感器产业提升工程,突破工业控制系统关键器件和核心技术的发展瓶颈。2016年,集成电路产业规模仍保持约20%的增速,先进设计能力达到16/14纳米,32/28纳米工艺也实现了量产,先进封装规模占比接近30%,刻蚀机、先进封装光刻机、靶材等关键设备和材料实现了突破。

二是推动工业PaaS(平台即服务)平台建设。基于成熟开放的通用PaaS平台,我国一批工业控制技术(Operational

Technology，OT）、信息技术（Information Technology，IT）、通信技术（Communication Technology，CT）领先企业纷纷开始探索构建面向行业的垂直领域数据分析平台（工业 PaaS 平台）。以航天云网为代表的协同制造工业互联网平台，通过将设计、制造、服务等资源和知识封装固化为各类软件和服务，打造信息互通、资源共享、能力协同、开放合作的产业生态。以树根互联为代表的产品全生命周期管理服务工业互联网平台，采用"微服务 + 开放接口"的 PaaS 平台架构，面向复杂产品全生命周期管理提供物联监控、设备共享、资产管理、智能维护、金融保险等服务。以海尔为代表的用户定制化生产工业互联网平台，通过打通需求、设计、生产、配送、服务等各环节的数据流，构建需求实时响应、用户深度参与、全程实时可视、资源无缝对接的制造云化解决方案。

三是推动大型制造企业业务系统云化。国内的大型制造企业结合两化融合的建设步伐，不断探索业务系统云化迁移的路径和模式，通过建设企业级云计算中心，推动企业信息基础设施和信息系统由分散搭建向集约化建设转变，以云平台的方式统一向各个应用系统分配弹性资源，实现了资源的优化配置，提高部署效率，降低建设成本，提升了管理水平。近年来，中石油加快了建设企业云计算的步伐，其多个业务系统被迁移到云平台，通过服务器全面 x86 化、应用分布式技术等，云平台较 UNIX 环境降低软硬件采购成本达 55% 以上；通过动态资源调度，实现不同应用系统的资源共享，将服务器的 CPU 平均利用率提升了 3 倍以上，减少了对硬件的需求，降低了信息化建设的总体成本。

四是加快建设中、小企业工业云平台。据不完全统计，2013—2016 年，工业云平台企业用户数分别超过 4 万、10 万、25 万、60 万，年均增长超过 146%。随着国家和各省市工业云试点工作的推进，面向中、小企业工业云平台呈现出 3 类发展模式：第一类是以数码大方为代表的资源和服务汇聚云平台，通过平台汇聚工业软件、工业设计模型、数字化模具、产品和装备维护知识库、管理软件、技术人才等资源，降低企业信息化应用的门槛和成本；第二类是以航天云网、智能云科为代表的制造资源和制造能力交易云平台，实现研发、设计、生产、制造、检测、认证、物流、配送等资源和服务的高效对接，优化制造资源的配置效率；第三类是以中国商飞为代表的产业链协同云平台，基于平台开展协同设计、协同制造、供应链协同等产业协作，促进全价值链创新，加速培育网络化协同制造等生产新模式。数码大方、航天云网等工业云平台助力企业降低了 50% 的研发成本，提高生产效率达 40% 以上。

五是提升工业信息安全保障能力。工业和信息化部加强建设政策标准和研究机构，出台《工业控制系统信息安全防护指南》并开展宣贯培训；推动研制工控安全相关标准，指导组建

> 国家工业信息安全发展研究中心；建设工业信息安全支撑平台，支持建设 PLC、分散控制系统（Distributed Control System，DCS）、工控系统通信总线等安全仿真测试平台，持续推进典型工控系统的漏洞挖掘、验证测试、安全防护等技术研究，开展工控安全态势与风险分析、安全风险通报；采用自查、抽查等方式，在钢铁、有色、石化、装备等行业开展工控系统信息安全检查，完成 6 家工业企业的深度核查。

强化"互联网+制造业"的支撑能力

"互联网+制造业"的发展在我国尚处于初级阶段，但是其发展速度却在直线上升，在全国范围内，涉及各区域、各行业以及各产业链环节，并且不断刷新纪录，形成突破。这些成就体现在研发、设计、装备制造等高端关键环节。在融合创新的基础上，互联网智能产品、工业机器人、3D打印等新技术和产品相继问世，移动O2O（一种线上交易，线下服务的模式）、"制造+服务"等新模式也不断涌现，云平台成为制造业与互联网融合发展的重要载体，极大地提升了企业的综合集成服务能力。

虽然"互联网+制造业"融合发展较为迅速，但仍面临一些问题：一是缺乏总体的政策规划，体制机制不够完善，缺乏资金支持；二是大多数企业受传统思维影响，互联网观念不够强烈，组织架构和管理模式创新滞后；三是企业缺乏自主创新能力，核心技术受制于人；四是"互联网+制造业"的融合水平不够深入；五是缺乏复合型的高端人才；六是工业云平台规模较小，网络信息安全为大众所担忧；七是缺乏能够带动整个行业的龙头企业，企业的整体服务能力和专业服务机构不足。

鉴于此，我国各级政府部门都开始研究深化"互联网+制造业"的工作思路，工作重点落在了部署互联网与经济社会融合、推进"互联网+制造业"的行动之上。这里总结了以下3点建议。

第一，提升融合发展系统解决方案能力。为推进"互联网+制造业"的发展进程，政府开展了试点示范工作，加强投入融合发展的应用基础设施建设，并将其列入了"十三五"规划中。在此基础上，应当把目光落在重点行业上，培育一批系统解决方案供应商，把系统解决方案推向市场化、专业化和模式化，支持有条件的企业进行业务剥离和重组，鼓励各省市根据地区特点，推进重点区域规划。

第二，强化融合发展基础支撑。培育和推广企业的新模式、新业态，研发设计一些互联标准和成熟的应用模型，加快构建工业云与智能服务平台，拥有自动控制和感知的信息技术与工业技术等制造新基础。

第三，提高工业信息系统的安全水平。针对相关专业服务机构的能力欠缺问题，企业应当提升对建设专业机构的认知。

在全面强化"互联网+制造业"应用基础支撑的过程中，

要不断建设完整的企业产业链,以及信息通信产业生态系统。国家超算中心大型科研基础设施成为"互联网+制造业"的坚实基础,而相关省市所形成的工业云计算和大数据产业链则成了"互联网+制造业"的基础支撑。

第六章 两化融合是供给侧改革的超级引擎

供给侧是供需市场中不可缺少的一环,它与需求侧共同左右着国民经济的发展。一般而言,供需平衡才是促进社会经济平稳增长的良好状态。而当市场经济不稳定的时候,古典派经济学家和供给学派代表就会强调供给方对市场的重要意义,这一论点的核心理念就是通过财政或货币政策,鼓励企业不断自我优化,最终达到提升产品质量、丰富科技内核,进而刺激市场的目的。

要推动供给侧改革,就必须了解供给要素。劳动力、土地、资本是供给侧的核心要素,劳动力为供给侧提供动力源,土地为供给侧提供基本场所,资金是各个要素的黏合催化剂。

现阶段,中国经济似乎进入了机遇与危机并存的海洋。随着工业化进程的深入,社会经济的结构弊病开始凸显,供需两侧失衡现象令建设者忧心忡忡。而两化理念,就是推动供给侧改革的超强引擎。

我的报告厅 REPORT

我国经济正在进入相对平稳的增长时期,经济发展将更加注重依靠全面深化改革,通过稳增长、调结构、促改革打造中国经济升级版。这就对各类工业企业的发展提出了新的更高要求,也对各类企业的信息化管理水平,尤其是对CIO制度的建设和培养提出了更高的要求。

——在2013年11月"第四届中国技术商业论坛暨2013全球软件案例研究峰会"上的发言

当前,国际国内经济环境错综复杂,世界经济复苏的曲折性和艰巨性进一步凸显,不同经济体走势出现分化。在经济全球化背景下,主要经济体经济增速下降,因而使我国外部需求萎缩难以避免。我国经济运行中仍然存在一些突出的矛盾和问题,经济下行压力正在加大,这在工业领域尤为明显。党的十八大报告指出,我国发展仍处于大有可为的重要战略机遇期。推动两化融合就是要适应国内外经济形势新变化,提高企业核心竞争力,提升工业发展的质量和效益,加快形成新的经济发展方式,为实现工业由大变强提供强有力的支撑。

——在2015年4月"电力行业信息化技术创新大会"上的发言

> 制造业亟须转型，制造业依靠大规模投资、低成本要素投入和出口拉动的传统模式已难以为继，必须加快新旧动能转换，努力向中高端水平迈进。
>
> ——在2017年3月"中国制造企业'双创'发展联盟成立大会暨高峰论坛"上的发言

1. 唯时之选

经历了早期的艰难探索与原始积累之后，中国工业取得了令人瞩目的成就。然而，在民族产业快速发展的过程中，我们也忽视了部分阻碍国民经济健康成长的隐患。其中，产能过剩、产品技术含量偏低问题已经对我国经济的进一步发展产生了严重影响。落后的经济结构阻碍了民族产业的良性增长，国际方面愈加激烈的市场竞争也将我们卷入了不进则退的危险漩涡。于是，革除弊病、自我净化就成了新一代建设者的唯时之选。

大瀑布边缘的"舞蹈者"

经历了上百年的风风雨雨，我国的工业终于站到了一个更高的位置。但征服一座高峰并不代表着探索者们就可以停下脚步，在完成了某一时期的历史任务之后，新的使命又出现了，那就是亟须调整当前产业的结构。如果能够迅速完成经济结构的优化，那么我国的综合国力会更上一层楼。

2010年之后，我国的经济发展进程逐渐放缓，造成这一现象的原因是多方面的——产业体系趋于成熟、市场需求减弱以及供给侧失衡等，这些都影响着国民经济的快速发展。

目前，我国在世界贸易链条上扮演着非常重要的角色，但这并不能确保商品畅销。2014年，我国有九大行业出现了严重的产能过剩，很多大宗货物被积压在库房里。这说明部分产品跟风严重，同时整体质量偏低，缺乏有效竞争力。

首先，从产能过剩、跟风严重方面来说，当前，国家对市场的宏观调控力度在不断加强，但是资本市场的逐利性还是导致在部分领域形成了难以消化的负面资产。2014年，产能过剩最突出的钢铁、煤炭、水泥、平板玻璃等行业，大都在利润方面十分诱人，因此很多投资者会盲目地扩大生产，最后骑虎难下。创新不足也是跟风生产的重要原因之一。很多投资者无法找到更合适的操作项目，于是，简单易行且"钱景无限"的行业就成了所谓的"香饽饽"。待到市场热度降下来之后，商货积压、资本受困就成了常见的事情。

其次，我国产品质量的竞争力不强。当然，单纯批判产品质量不佳也是有失偏颇的，因为很多发达国家在生产竞品时采用了更"诱人"的技术和方法，所以说"中国制造"的竞争力不足，也是需要区分对待的。

供给侧结构不良带来的负面影响是多方面的，资源的非理性集中，对整个国家而言绝不是资源浪费那么简单，一些亟须得到支持的优质产业以及对时效性要求极高的项目，都有可能因为缺乏物质基础而流失。从可持续发展的角度来说，资源的过度使用同样会对国民经济的未来产生不利影响。

当然，当前国内部分领域产能过剩、民族工业竞争力较弱，也是过去数十年产业发展附带而来的历史遗留问题。在快速实现工业化的过程中，我们有选择性地牺牲了部分"未来利益"，现在，这些未经科学规划而产生的问题就呈现在世人面前。因此，我们要直面问题，积极解决，不断前行。

高品质供给的提供者

从一定程度上说，供给侧是一个哲学问题：某一要素在一些特定的条件下可能属于供给方，而在另一些条件下它或许又属于被供给方。例如，一颗螺丝钉，它在用于汽车制造时，是属于"供给侧"的；而当我们生产螺丝时，金属制材才是真正的"供给侧"。因此，在整个产销链条中，很多要素会在某些场合下被划分到"供给侧"一边，为下一阶段的生产目标提供帮助，而任意一个环节的质量持续走低都可能会给整个生产链带来不利的影响。因此，提高供给质量就成了一项意义重大的艰巨任务。

那么，在当前的历史阶段，我国的民族产业又应当如何奋起，保证供给质量的有序提升呢？针对当前国内供给侧出现的种种问题，以下五大发力点或许就是较为合理的解决方向。

第一，"去产能"。要想提高供给质量，我国的国民经济先要考虑的应该是"去产能"。目前，我国产业结构还有很广阔的调整空间，大量落后产能依然占据着非常重要的地位。要保证国民经济的健康发展，就必须革除落后产能，使释放出来的资源流向优质的产业。

第二，"去库存"。近年来，我国部分产业领域出现了严重的"扎堆"现象，不少投资者青睐于时下的热门行业，最后造成了相关市场的过度饱和，大量成品被积压。这种供给侧的非理性膨胀，必然会给全国市场带来极大的负面影响。我们知道，一个地区的资源总量是有限的,当某一种制品被过度生产时,与之相关的周边产业会受到联动影响。例如,一座城市每年从外地购买200吨钢材,其中95%被投入了汽车制造中,如此一来,这座城市的其他行业在钢铁供给上难免就会捉襟见肘。进一步说,部分行业由于钢材原料短缺,所以发展受限,继而影响整座城市的经济发展。反映到行业统计上来,我们就会发现,这座城市的汽车产能剩余较多,而其他很多行业发展缓慢。在大量的汽车被积压在库房中卖不出去时,消耗了大量地方资源的汽车行业也无力支撑当地财政,最后导致整座城市的经济萎靡不振。因此,提高供给质量的一个重要任务就是"去库存"。

第三,"去杠杆化"。我们用一个简单的例子来解释什么是"杠杆"、为什么要"去除"杠杆。

某家企业看好一个投资项目,但无力负担该项目的启动资金,为了解决这一问题,公司法人找到银行办理了借贷手续,该企业最后成功展开了新业务的运营。显而易见,此举的结果无非有两个:一种是皆大欢喜的盈利结局,该企业补上了财务漏洞;另一种是经营不善,该企业负债累累,不得不通过抛售债权、股票等方式缓解压力。在这里,推动该项目启动运营的经济因素就可以被视作"杠杆"。

显然,在资本市场向好的时候,利用"杠杆"快速圈定有利位置,能够帮助投资者获取可观的回报。但是,这一运作从市场角度而言,是存在不可忽视的风险的,一旦出现经济危机或者市场不景气的情况,"杠杆"自身隐含的危机就会凸显出来,从而对社会经济造成巨大的负面影响。

"杠杆"对供需市场的外力作用很容易在某些情况下为地方经济埋下隐患，因此，一种不受"杠杆"制约、自发形成的资本运作，才代表着更理想的市场状态。

第四，"降成本"。一方面，成本增加会对供给质量产生正向作用，但需要强调的是，一次良好的技术改良能够极大地降低产品制作成本，单纯的"加工加料"其实对产品质量增益不大。另一方面，制造成本的高低也是供给质量的考核标准之一，过于昂贵的制品必然是要被想方设法改良、替换的。

第五，"补短板"。要提升供给质量，我们理应强化产品的性能，弥补各个环节中的短板，这一点是任何生产者都需要铭记于心的。一只木桶的最大容量取决于组成它的最短的那一块木板，同样的道理在市场运转当中也是适用的。例如，一座城市的环境质量不佳，那么这座城市在建设过程中必然会受到极大的制约，一些高层次的企业可能也会因为环境问题而拒绝落地此处。

所以说，正确认识到自身的不足，及早弥补自身短板，是提高供给质量的必要手段。

提高供给质量，将会对产业的转型、进阶带来巨大的助推作用。产销链条的每一个环节都是紧密结合、不可拆分的，各种要素互相作用，才能生产出更好的产品，提供更好的服务。

2. 重塑中国布局

两化融合理念之下的供给侧改革，将会逐步完成产业重心的转移。在这一理论的支持下，中、西部地区将会兴起大批新型工业城市，旧有的传统工业重镇也会进一步升级。

两化融合理念之下的供给侧改革，将会引发资本市场中"有效投资"的指数型增长，还能带动特色产业的集群化发展。未来，我国的产业结构与发展布局都将因此得到全面重塑。

供给侧改革的"开山斧"

中华人民共和国成立之初，我国的民族工业基础薄弱，因此需要通过大量的积累来实现工业化进程。而历经数十年的艰苦奋斗，"中国制造"已经在世界范围内树立起一面响当当的旗帜，"保质保量"也成了一项有待更新的历史任务。过去，当社会经济过冷或过热时，政府只需要采取积极或者紧缩的货币政策，就能够起到良好的引导作用。但是，随着时代的发展，以上刺激手段的效果越来越微弱，甚至还会在特定条件下对市场经济产生负面影响。

针对以上这个现象，业界提出了"有效投资"的概念，希望通过更合理的投资方式来振兴国民经济。

"有效投资"实际上是一个由"无效投资"与"低效投资"引出的概念，它是指可以收回成本且有所盈利的投资，相当于人们常说的"稳赚不赔"。在当今社会，我们更应当从宏观角度来考量一次投资是否"有效"：假如某一个基础性建设没有为社会带来直接性的回报，但它却带动了一系列的边缘产业，激活了关联贸易的运转，那么它同样是"有效投资"。例如，政府投资 100 万元为居民建造了免费的休闲广场，单纯从直接收益上说，这座广场为地方财政带来的经济效益是"0"，但是通过进一步的分析我们就会发现，休闲广场的建立在无形中提高了居民的幸福指数，从而减少了社会治安问题，同时在一定程度上对社会风气起到了良好的净化作用。这些改变带来的潜在效应，实际上已经不能用金钱来衡量了。

这一部分利人利己的投资行为，对供需市场是存在良好的引导作用的，帮扶这种投资必然会推动供给侧深入改革。所以说，优化投资结构、减少资本市场的低效投资，就成了社会各界极力推崇的内容。

那么，"有效投资"和两化融合之间又存在怎样的关联呢？"有效投资"与两化融合理念下的产业形态不谋而合，未来的产业体系必然会以资源的有效利用为前提，而更加科学、合理的模式是构建这一产业体系的重要手段。可以预见的是，通过在技术研发、业务拓展、产业衍生等多个领域的深度融合，"有效投资"在投资总额中的占比会越来越大。

应当明确的是，供需市场中并没有绝对的"供给者"与"被供给者"，很多参与要素实际上同时扮演着供给侧与需求侧的双重角色。这样看来，加大投资力度必然会拉动供需双方的发展。如此，今日的投入就是明天的产出，更是后天的供给，这样一个协同共进的链条，就形成了供给侧的翻新改革。

因此，两化融合的理念是改良投资市场的重要武器，它对于供给侧改革的正向推动也是非常明显的。在供给侧改革的道路上，两化融合必将如一柄势不可挡的开山巨斧，将我国的民族工业推向更高的阶梯！

两化同心，"三板斧"开路

当前，我国在工业化建设时期遗留下来的历史问题开始凸显，因此，有关供给侧改革的方法和路径，就成了一个值得思考的问题。在此，借助两化融合的力量，科学合理地推动供给侧改革，就是一个更可靠的选择。

提升供给质量，第一个需要重点关注的方面就是坚持推进"智慧城市"的改造。从农业大国到工业大国，中华民族已经在一定程度上完成了城镇化改造。但在这个过程中，农业经济遭到抑制、盲目造城等不合理现象也很严重。这些对我国民族产业的进一步发展产生了极大的阻碍，因此，新型城镇化建设势在必行。

在两化融合理念之下，新时代的都市需要具备"智慧之城"的基本特征——集约、绿色、智能、低碳。科学技术的发展将是推动我国城市集群转型升级的重要武器。可以预见的是，在未来数十年时间里，我国各个城市将会掀起一阵"升级潮"，传统的都市将会逐渐被智能化绿色环保城市取代，而中国的城镇化布局也将得到重塑。

提升供给质量，第二个需要重点关注的方面就是推动工业重心向中、西部地区转移。从生产的角度来看，中、西部地区是更重要的原料产地。因此，工业重心向中、西部地区转移是遵循就地取材原则的。

当然，就地取材并不是产业转移的唯一理由，我们还应当看到东南沿海城市近年来在工业化建设过程中遭遇的困境。人口过度集中、环境污染严重、城市负荷逼近上限、城市规划急功近利等，都让诸多工业城市不堪重负。所以说，重新布局中国工业集群，是拉动中、西部经济发展，减轻沿海地区负荷的共赢之举。

需要明确的是，工业重心向中、西部地区转移，实际上是一个浩大而又繁复的工程。践行这一目标，还需要科学合理的规划与正确布局。其中，因地制宜就是产业转移基本的指导理论。在确认当地的生产优势之后，地方政府再展开特色产业集群建设，形成规模化生产，这就是一个更合理的布局模式。

提升供给质量，第三个需要重点关注的方面就是坚持创新，但是如何践行创新原则是值得深入探讨的。

对于创新，社会各界都有不同的观点和方法，有人主张在生产设备方面创新，有人主张在奖励措施方面创新，也有人主张在管理运营方面创新。评价一家企业是否能够顺利生存和发展的一个重要条件，就是看这家企业是否具备了行业领先的体制。

总体而言，两化融合理念之下的新型城镇化建设、产业转移政策以及创新型原则，将会给供给侧改革注入新的活力。新型城市的兴起将带动大量技术型产业走向高峰，供需市场自此会走上一条更加科学合理的道路；政策性产业转移将会平衡我国东、西部经济的差异,淘汰落后产能;而创新原则又能够极大限度地优化供给结构,提高供给质量。可以说,以上三大理念与两化融合思想的有机结合,将会给供给侧改革带来巨大的助推力。而在具体的实践过程中,国家的整体产业布局也将会得到改造,新型城市群的诞生、产业重心的内迁等,都会对传统格局产生深远的影响。

第七章　区域经济,助力中国经济大转型

区域经济是特定范围内经济发展的内外部因素共同作用下的生产综合体,它代表的是该区域内部各个生产要素的现状与未来趋势。一方面,区域经济受生产力的影响;另一方面,客观环境对于该区域的经济现状也会产生重要制约。对于一个地区的产业进步,我们不应当只把目光停留在单纯的经济指标上,对于该地区的土地资源、矿产开发、人力资源以及布局规划等,都应当有一个正确的认识。从民族产业发展的角度来说,区域经济有着举足轻重的意义,它代表着相关地区资源开发和利用现状,并且在同类型地区的经济发展方面,有着良好的借鉴效用。

"工业4.0"概念被提出之后,传统的工业生产模式面临着颠覆性的变革,用两化融合理念推动区域产业经济大转型,也被人们提上了日程。在开拓者们一往无前的拼搏精神的带领下,全国各地相继展开了由点到线、从线到面的区域化经济改革。

第七章　区域经济，助力中国经济大转型

如何更科学地选取示范区，更好地发挥示范带动作用，以及更为有效地促进企业对标学习，是示范推广工作的关键问题。企业两化融合整体性水平测度是非常有效的手段，在这几年的行业和区域评估工作中取得了显著成效。

——在 2013 年 10 月"两化深度融合专项行动计划重点工作推进大会"上的发言

两化融合管理体系贯标评定工作是当前各地工信主管部门推动转型升级和区域实力整体提升最为有效的助手，同时地方工信主管部门也是企业本质贯标最有力的推动力量和监督力量。作为地方工信主管部门，一是要将贯标工作与本地产业发展的重点任务紧密结合，建立和完善跨部门协同推进机制，做好部省衔接，积极争取地方财政支持，做到政策措施到位、组织协调到位、监督管理到位。二是要抓好区域内企业的贯标工作，结合企业需求组织开展宣贯培训和现场交流活动，营造企业积极主动参与贯标、开展贯标、宣传贯标的良好氛围。同时，地方工信主管部门还应当实时跟踪掌握企业贯标进展情况，及时解决企业在贯标过程中遇到的问题和难点，选出一批优秀示范企业，推动企业对标和经验交流。三是要以贯标应用推广为契机，围绕当地产业特色和企业需求，培育一批针对性强、专

业实力强、服务水平高的贯标咨询服务队伍，鼓励当地贯标咨询服务机构在满足区域企业服务需求的基础上，面向全国范围内的企业提供服务。

——在 2015 年 9 月"上海市两化融合管理体系贯标启动培训会"上的发言

工业和信息化部按照"点、线、面"推动两化融合发展："点"是在全国遴选了 800 多家典型企业的案例；"线"是建立了 35 个行业两化融合评估指标体系，并于 2016 年遴选出了 600 家试点企业；"面"是在 2009 年到 2011 年选择了 8 个实验区，2011 年到 2014 年又选择了 8 个新的两化融合实验区。

——在 2017 年 3 月"中国制造企业'双创'发展联盟成立大会暨高峰论坛"上的发言

1. 试验区助推区域经济发展

广州：和"先进制造"有个约会

广州是两化融合首批试点城市之一，由于它的综合实力在国内各大城市中首屈一指，工业化程度也位居前列，所以它在践行两化融合理念的时候，起点相对较高。基于雄厚的经济基础与工业化背景，广州直接跳过了大部分中低端制造领域，将目标锁定为科技含量更高的"先进制造"。以中国广东核电集团的下属子公司——中广核工程有限公司为例，它在信息化建设方面就树立了良好的榜样。

自 2004 年组建以来，中广核工程有限公司在经历了早期的创新阶段之后逐渐趋于平静，从现代化市场竞争的角度来说，这就是"逆水行舟，不进则退"的危机，因此当两化融合理念在广州大地上开枝散叶的时候，中广核工程有限公司的表现是积极而主动的。

在践行两化融合理念的过程中，中广核工程有限公司通过以下"三步走"战略，完成了自身结构的优化改造。

所谓"知己知彼，百战不殆"，在推进两化融合的过程中，信息平台的搭建必然要被放在首位。而中广核工程有限公司在打造自身信息平台的过程中，也做到了思路清晰、有理有序。全产业链信息化平台的搭建如图 7-1 所示。

图 7-1　全产业链信息化平台的搭建

完成了信息化平台的建设之后,中广核工程有限公司又展开了基于知识库建设的关联产品创新计划,这也是其两化融合"三步走"战略中的第二步。

在关联产品创新计划中,该企业也为自身设立了严谨的方法和路径。其中,知识工程建设、标准化知识库建设、核电项目经验反馈平台建设以及运营诊断和核电机组安全开发知识库建设,就是执行该项目的四大核心。

完成以上两步之后,中广核工程有限公司的两化融合之路便走出了第三步,那就是高智能化仿真核电站的设计。以往,核电站的设计与检测都是在图纸上勾勒样本,然后以二维平面的方式进行研讨、探究。这种方法的弊端是显而易见的,它并不能完整地还原或者预测实际工作中的突发状况。

以上缺陷在高智能三维模型的帮助下得到了完美解决。高性能的计算机辅助设计(Computer Aided Design,CAD)系统能够为工作者提供可视性更强、监测力度更大的三维模型，而在此基础之上建立起来的智能化核电站，也必然会拥有更加明显的优越性。

总体而言，中广核工程有限公司的信息化建设升级，只是广州施行技术含量更高的"先进生产""先进制造"的缩影，在更优越的制度理念之下，广州大地上必然会涌现更多的"智能电站"或"智慧工厂"。可以预见的是，在未来的一段时间里，如同中广核工程有限公司那样的信息化监控管理，必然会出现在各个行业中。

广州：两化融合助力广州转型升级

广州是全国重要的工业基地、华南地区的综合性工业制造中心，经过多年的发展，已经形成了门类齐全，轻工业较为发达，重工业有一定基础，综合配套能力、科研技术能力和产品开发能力较强的外向型现代工业体系。

广州积极推动两化融合工作，先后颁布了《中共广州市委　广州市人民政府关于加快"信息广州"建设的意见》《关于建设广州市国家级信息化和工业化融合试验区的工作方案》等文件，确立了将"信息兴业"作为广州信息化工作的重点，明确了推进两化融合的"138"计划（一个目标、三大任务、八大重点工程）和7项保障措施，明确了资金投入、自主创新、政府采购、用地、融资、人才引进等扶持政策。由政府主导，企业运营，政企合作共同建立了200多个面向产业集群和中、小企业的信息服务平台。例如，广州电信全力打造的"广东电信商务领航中、小企业信息化服务示范平台"，6万多家企业客户在该平台建立网上商铺，平台日访问量超过10万次。广州移动通过建立无线移动信息服务平台，为中、小企业提供信息服务。

两化融合成了广州转型升级的重要推手。"十一五"期间，广东省的工业增加值翻了一番，工业总体规模全国领先，企业受益，生产效率猛增10倍。广州的工业增加值在全市GDP中的比重超过1/3。汽车制造、电子通信和石油化工三大支柱产业的工业产值约占全市工业总产值的1/3。随着先进技术的引进，轻纺、食品、医药、建材等传统行业升级换代，以电子通信、家电、精细化工、石油化工等行业领头的许多新兴产业及高科技产业迅速发展。广州的GDP继续保持一线城市第三城的位置，同比增速高于京沪。

珠三角地区：翻过智能制造的大山

珠三角经济开发区的物产、交通优势是非常明显的，同时，珠三角地区也有着更坚实的工业基础。不过，由于珠三角地区的历史因素，所以其在工业结构上存在较大的弊病，过多的中、低端加工限制了该地区整体经济的进一步发展。因此，借助两化融合的力量大力发展智能制造，就成了珠三角地区经济推进的关键。

为了配合国家两化融合战略的要求,珠三角地区也积极建设了一大批顺应时代需求的智能化生产体系。智能电网、新能源开发、3D打印服务行业以及人工智能等智能化领域得到了极大的政策优抚。

当然,单纯将这些智能化生产的理念引入地方生产体系还是远远不够的,我们还需要通过更有力的宏观手段来刺激智能化生产与地方制造业的融合。

革除旧有的市场机制弊病。所谓"不破不立",原有的市场机制在过去数十年为中国经济做出了巨大的贡献,但是如今它们已经成了阻碍产业升级的绊脚石。因此在这样的情况之下,到底是在一个有缺陷的基础上展开信息化建设,还是真正"腾笼换鸟",是地方政府需要重点考虑的问题。

事实证明,珠三角地区对旧有产业的再造还是比较成功的。2008年左右,东南沿海地区的外资企业逐渐外迁,这对地方政府重新建立产业体系起到了正向作用。如果用更辩证的眼光来看外资企业之于珠三角地区的意义,我们一方面需要感谢外资企业为地方经济带来的推动作用,另一方面,也要看到这些企业实际上大都以中、低端粗加工为主,它们的存在挤占了先进制造的生存空间,并以一种相对"舒适"的物质条件束缚了探索者前进的脚步。

所以说,要在以中、低端加工为主的珠三角地区展开智能制造建设,首先需要做的就是将原来的旧体制逐一清除。

当然，全盘否定现有的市场秩序也是不理性的，对外迁企业不挽留，同时加大对智能生产领域的扶持力度，是一个更好的选择。

除了"腾笼换鸟"之外，珠三角地区还制订了产业和劳动力"双转移"计划，以求加快地方产业结构调整的步伐。其中，"产业转移"是指劳动密集型产业向广东的东、西、北 3 个方向迁转；"劳动力转移"则是将更优越的劳动力向高端市场迁转，力求将"中国制造"改写成"中国创造"。

此外，以珠海为代表，珠三角两化融合试验区还提出了"一个龙头、两个重点、三个支撑"的战略方向。珠海两化融合战略示意如图 7-2 所示。

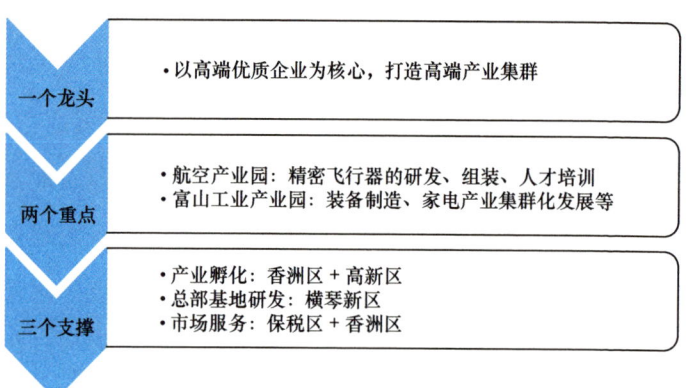

图 7-2 珠海两化融合战略示意

其中，至关重要的"龙头"就喻指以龙头企业为核心，打造出高端产业集群，而中海油、三一集团、三洋造船等实力雄厚的企业也将成为各个产业集群的代表。"两个重点"则是指高端产业园开发，珠海营建了"航空产业园"和"富山工业产业园"。前者主要负责精密飞行器的研发、组装等，后者则大力发展装备制造以及家电产业集群的组建等。"三个支撑"战略则是以产业孵化、总部研发基地以及商贸服务三大项目为基础，为地方产业升级提供帮助。

在有选择地移除了部分不良资产之后，珠三角试验区的两化融合进程必然会加速，而本地区的产业升级也会给全国的两化融合进程带来巨大的示范意义。

珠海：立足两化融合，主攻智能制造

如果将一个地区比作一艘巨轮，那么先进装备制造业就可以说是支撑这艘巨轮不断前进的引擎。当前，作为珠江西岸核心城市的珠海，拥有区位、政策、环境等诸多优势，在广东省先进装备制造版图中占据着重要地位。

科学发展，规划先行。按照中央和广东省的部署，根据《珠海市先进装备制造业发展规划（2015—2025年）》，珠海以"战略引领、高端为本、特色突出、内联外引"为指导方针，紧紧抓住国家实施"制造强国"战略、建设21世纪海上丝绸之路、横琴自贸试验区、高栏港经济区等，促进珠三角地区持续、快速、协调发展等良好契机，努力打造成为立足珠三角、辐射东南亚、面向全球、富有特色的先进装备制造业和高端装备制造服务业基地。

珠海加强顶层设计，立足两化融合的现实基础，主攻智能制造，努力掌握自主创新的核心技术，优先引入具有颠覆式创新和跨越式创新的优质企业，形成企业转型发展和珠海跨越式发展的战略合力，下大力气构建有利于沿海、沿江先进装备制造业快速发展的"沃土"，推动珠海成为珠三角乃至全国装备制造业的"产业高地"。

在这个过程中，珠海构建了支撑新技术和新产品快速发展的新型政策平台以及开放式的创新平台和智能化的制造平台，向企业、大学和研究院所提供标准化硬件接口和服务平台接口，推动革命性技术对于传统产业的有效"灌溉"，推动珠海最终实现绿色发展、效率发展和超越发展。

此外，珠海还加强与周边城市的协同发展，构建产业协调发展的机制和要素市场平台，增强产业之间的优势互补；突出大企业、大项目对珠海先进装备制造业创新能力和竞争力提升的辐射带动作用，围绕产业链的"强链""补链"，加快产业配套能力建设和关键技术的创新能力提升。

在产业结构上，珠海提出加快培育"蓝色"装备制造产业，逐步壮大"绿色"装备制造产业，大力振兴"红色"装备制造产业。"蓝色"装备制造产业是指以开发海洋资源和发展民用航空为目的，以高新技术、高额资本、高端人才为保障的装备制造业，主要包括海洋工程装备、船舶

> 与游艇、航空航天等;"绿色"装备制造产业是指采用新工艺、新技术,大幅降低原材料和能源消耗,实现少投入、高产出、低污染的产业,主要包括新能源汽车、智能配电网设备、智能家居装备、节能环保装备、3D打印等;"红色"装备制造产业是指通过核心技术自主化,形成具有自主知识产权的产业,主要包括轨道交通、智能办公装备等。

南京:特色新型工业化道路

作为赫赫有名的六朝古都,南京拥有厚重雄浑的历史底蕴。与中华人民共和国成立之后兴起的国际化大都市不同的是,南京更注重文化与神韵的延续,地方政府在振兴古城工业的同时,也重点提出了"强、富、美、高"四大要求,为南京的工业化进程打上了独特的烙印。

首先是"强"。作为长三角经济区的核心城市之一,南京在本次两化融合推进过程中扮演了多重角色。一方面,在多个创新指标上,它需要追赶上创新型国家或地区的中等及以上水平;另一方面,南京必须打造以服务型经济为主体的经济结构,为长三角经济区的整体提升提供可靠保障,既要承担振兴民族工业的历史任务,还要负担起引领、带动周边地区产业发展的重要责任。

其次是"富"。在推进两化融合的过程中,南京积极寻求地方民生与施政纲领的有机结合。其中,缩小人均收入差距、进一步保障公平就业、共建良好和谐的劳动关系、完善教育体系、打造新型住房体系以及强化地方养老服务网络等，都是本阶段需要重点关注的课题。在工业化建设的同时，维护从业者的权益，增进他们的个体业务水平，将会给两化融合带来积极的推动作用，而这也是南京领先其他工业城市的重要因素之一。

再次是"美"。为了促进地方经济的健康发展，也为了给周边城市树立良好榜样，南京地方政府在大力推动两化融合进程的同时，也强调"进一步优化国土空间布局""严控生态红线"的重要性。未来，南京的城乡基础设施与公共服务项目将会进一步增强，而城市的科学化管理水平也会得到显著提升。

最后是"高"，即提高社会文明程度和市民素质。在发展都市产业经济的同时，南京也同等重视精神文明建设，力争打造一个崇德向善、包容互鉴、公共安全良好、生活体验更佳的现代化都市。

总体而言，南京可以作为两化融合试验城市之一，是具备了多重独特因素的。在都市综合建设与长三角经济圈的整体服务上，它都力求完美。所谓"能者多劳"，在国家两化融合战略实施过程中，南京既能奋力向前，还能够培固根基、服务周边，实为中华民族复兴之路上的"奇艳之花"。

第七章 区域经济，助力中国经济大转型

南京：第11个"万亿GDP"城市

南京是重要的区域中心城市，也是中国重要的工业基地，已形成了以石油化工、电子信息、汽车、钢铁四大产业为支柱，以机械装备、纺织服装、轻工食品、新型建材和生物制药等九大产业为主导，拥有36个工业行业、200多个工业门类、2000多个大类产品的综合工业体系。南京把两化融合工作作为实施"保发展、调结构、上效益"战略的重要抓手，把利用信息技术改造和提升传统优势产业作为两化融合的切入点，发布了《南京市信息化和工业化融合发展重点指导目录（2009—2011年）》，明确信息化带动工业化的发展重点和信息技术改造提升传统产业的调整方向，指导信息技术融入各个行业和企业的研发设计、生产、流通、管理、人力资源开发等各个环节。南京结合其工业产业特征，从初期在原材料、装备、消费品和电子信息四大领域确定了钢铁、石化、建材、机械、汽车、船舶、医药、纺织、食品和电子10个行业为信息化改造的重点行业，扩展为实施"4866"专项工程，聚焦南京重点发展的电子信息、石化、钢铁和汽车四大支柱产业及现代通信、智能电网与电力自动化、风电光伏装备、轨道交通、生物医药、节能环保、航空航天、新材料八大新兴产业，建设协同管理设计、工业服务分离、安全

节能监测、商务电子交易、数据开发共享和实用人才培训六大类信息化服务平台，支持企业产品数字化、设计智能化、过程自动化、系统集成化、管理信息化和商务电子化六大关键环节的信息化建设，推进两化融合重大项目建设。

南京的一批企业踩准节拍，通过引入大数据等信息化手段，引领南京从"制造"向"智造"转变。例如，南钢从2002年开始"两化融合"，2011年完成 ERP 系统流程。期间，南钢经历了痛苦的转变过程，但成效显著。如今，从前端制造到决策分析，信息化已经深入南钢每一个细小的"经络"，甚至离开它生产就会停滞。信息化帮助南钢按照订单合理安排生产。再如，雨润在信息化建设中投资超过1亿元，实现了生产、销售、财务、物流、质控等各个方面业务的衔接，并与电商平台打通。例如，在物流模块，在配载和调度过程中，系统会把订单信息、车辆信息、常用线路信息、产品基本信息、各个客户或办事处距离指定物流中心的里程信息等来自不同模块的各种动态信息和基本数据综合起来，自动形成模拟配载结果供调度员选择。借助这一功能，即使在订单量很大的情况下，调度员可以快速制订合理的发运计划。

南京推动两化融合发展，壮大了物联网产业，并带动了区域经济的发展。南京是江苏省重点建设的物联网产业

> 支撑区，物联网产业发展位居全国前列。全市物联网产业实现销售收入超过300亿元，约占江苏省总量的1/4以上，仅次于无锡，位居全省第二。2016年，南京实现经济总量超过万亿元，也就代表着扭转了过去多年来南京在长三角地区发展的颓势，用长江经济带、国家级江北新区等重大国家战略，使"宁镇扬泰"快速成为带动江苏整体经济发展的增长极，并与"苏锡常通"一起，成为支持整个苏南现代化示范区建设中的"哑铃型结构"。目前，南京提升了其在全国副省级城市中的地位，成为第11个"万亿GDP"城市。

上海："四位一体"迈向新高度

基于本地强大的经济基础与工业基础，上海在推行两化融合理念的过程中，完整而清晰地勾画出了一条属于自己的道路。其中，"四位一体"的推进模式为上海的两化融合进程起到了重要的推动作用。所谓"四位一体"，是指通过"创新联盟""产业基地""产业基金"以及"人才基地"四大要素的有机结合，共同推进地方的两化融合进程。

首先是"创新联盟"。经过多方努力，上海市政府主持组建了上海市智慧园区发展促进会、上海移动互联网应用促进中心等多个利益共同体。事实证明，各式各样的

"创新联盟"完善并强化了上海的产业链条,各个联盟内部帮扶互鉴,彼此推动,形成了一个更健康的工业生态环境。

其次是"产业基地"。近年来,多个新型企业在上海开枝散叶,例如,新松集团、大众点评、青橙手机、智臻网络等在上海落地生根。这些企业集群彼此促进、协同发展,形成了一个个健康合理、规模可观的科学化生态基地。

再次是"产业基金"。为了加快地方产业升级转型,上海市政府开展了推进两化融合管理体系贯标试点工作,并配备了相应的启动资金与专项基金。对符合认定标准的企业,政府都会提供相应的帮扶与指导。

最后是"人才基地"。除了从复旦大学、上海交通大学、同济大学等一批实力超群的高校中选拔之外,上海市政府还需要有针对性地培养一批专业的技术骨干。此外,地方政府还创办了全国两化融合人才基地,为国家输送了一批可靠的骨干力量。

上海的两化融合蓝图结构清晰、规划合理。在推动两化进程方面,上海市政府高屋建瓴,明确制定了"四位一体"的发展模式。可以预见的是,重视集体力量、促进集群化产业发展、积极培养专业人才,凡此种种,都会让上海的两化融合之路愈加宽阔、明亮。

上海：长三角区域制造业的领航者

上海是中国的经济中心，其工业发展和信息化建设均走在全国前列。2010年，上海工业总产值达3万亿元，占全国（54万亿元）的5.4%，全国排名第一。此外，上海又是带动长三角区域经济发展的核心城市，长三角区域发展形成了以上海为中心、宁杭两个经济总量过万亿的城市为补充的局面。南京、杭州两个城市补齐了长三角城市群中的短板，使上海的辐射能力可以更好地向中上游扩散。上海在国内经济和长三角区域经济发展中的重要性不言而喻。

近两年来，长三角地区各个城市都纷纷提出要做制造业基地，承接国际产业转移，接轨上海，积极参与区域合作。浙江的省级"五大百亿"工程开始启动，一大批基础设施和大工业项目相继开工，工业园区、制造基地蓬勃发展。目前，长三角地区已经是世界级的外资制造业基地，而上海是长三角地区外资制造业高端生产性服务的一个门户城市，对长三角区域的经济发展有着引领作用。

"十二五"以来，上海积极践行信息化与工业化深度融合的发展理念，依照地区发展方向和特点，制定了《关于推进信息化与工业化融合促进产业能级提升的实施意见》《上海市制造业转型升级"十三五"规划》《关于本市加快制造业与互联网融合创新发展的实施意见》《上海市推进智慧城市建设"十三五"规划》《上海市推进信息化与工业化深度融合

"十三五"发展规划》等政策文件,形成了以两化融合为主要特征的产业发展模式,以网络互联为基础,通过对工业数据的全面深度感知、实时传输交换、快速计算处理和高级建模分析,实现智能控制、运营优化和生产组织方式的变革,打造互联网和新一代信息技术与工业系统全方位深度融合的产业和应用生态。上海鼓励行业建设大数据平台,促进长三角、全国乃至全球行业大数据资源在上海集聚,开展数据深加工服务,提供精益生产、节能减排等服务。上海加强长三角地区和长江经济带两化融合的合作交流,促进技术的合作创新和产业的梯度转移,成为国家两化深度融合示范区和全球先进"智造"的高地。

2. 典型示范引领行业大发展

重庆:完善政策,营造环境

由于重庆深居内陆,远离各大经济发展区,所以其两化融合任务无疑是极为艰巨的。现代化商业竞争大都追求集群效应,厂商、投资人更希望在项目成熟的领域着手运作,这自然给重庆的两化融合进程带来了极大的挑战。不过,面对厂商、投资人的冷淡,重庆做出的回应简单明了:用良好的政策福利来刺激、推动两化融合体系的推广应用。

第一,针对那些为地方两化融合工作起到模范示例作用、投资额达到 100 万元的企业，地方政府将按该项目投资额的 5% 提供政策补助。

第二，对于被纳入国家两化融合管理体系贯标试点的企业，地方政府将一次性奖励 10 万元。假如该企业验证达标，则可再得到 20 万元的奖励。而那些达到市级标准，但未达到国家标准的试点企业，同样也可以得到 5 万元的试点奖励与 15 万元的达标奖励。

第三，对国家两化融合管理体系第三方贯标的服务机构，地方政府将给予 20 万元的一次性奖励；对同级别的认证机构，奖励金额更是达到 50 万元。

第四，对于在各大主流电商平台上开设精品旗舰店并正常运转的企业，地方政府将一次性补助 5 万元；而对于同样开设旗舰店，但网商平台资质一般的企业，地方政府也会做出 3 万元的一次性奖励。

第五，对商业价值达标，符合规模化生产要求的云计算、大数据、下一代互联网以及信息安全示范等工程项目，地方政府会按照该项目实际投入的 5% 进行资金补助。

可以看到，重庆推动本地产业升级的政策，恰好抓住了关键。有力的财政补贴与政策倾斜，对于技术力量的孕育将会起到难以估量的效果。尤其重要的是，经济补助仅仅只是重庆吸引高新科技力量向美丽山城靠近的第一步，后续还有很多鼓励政策会被制定实施。任何政令的实施都需要结合自身特点，重庆对自身有着清晰的定位，它无法更多地凭借交通运输或工业底蕴来吸引新生力量,那么用物质激励的方法来刺激地方产业发展,就变得合理可行。

重庆:加快传统产业转型升级

重庆是全国六大老工业基地之一,工业门类比较齐全。近年来,重庆工业经济快速发展,开始进入工业化中期阶段,但是存在工业大而不强的问题。如何完成传统产业转型升级的战略任务,是重庆市亟须破解的重大课题。

重庆市政府结合本地实际,出台了《重庆市人民政府关于加快推进信息化和工业化融合的意见》及实施方案,明确提出"两步走"推进战略:第一步(2009—2012年),进入信息化和工业化融合发展初级阶段,信息化和工业化融合体系初步建立,工业主导产业的信息技术应用水平有较大提升,信息化对企业创新的促进作用明显提高,信息化和工业化融合综合指数由2007年的50%提高到80%。第二步(2012—2020年),健全信息化和工业化融合体系,建设模式进一步明晰,信息技术在工业设计、生产过程控制、节能减排、供应链管理中得到广泛应用,工业竞争力显著增强,信息化和工业化融合综合指数达到90%以上,达到信息化和工业化融合发展中高级阶段。

重庆市两化融合工作在产业层面取得的巨大成效,实现了传统产业发展速度和质量的更快、更好及由大变强。以汽车产业为例,重庆市汽车行业两化融合的发展水平得到了长足的提升。在产品研发与协同开发方面,信息化发挥作用巨大,计算机辅助设计(CAD)、计算机辅助工程(Computer Aided Engineering,CAE)、产品数据管理(Product Data Management,PDM)等信息技术已经在多数汽车企业得到了广泛应用,约有15.4%的企业借助信息系统实现了异地协同,34.6%的企业主要依靠信息系统实现协同,46.2%的企业部分借助信息系统实现协同,相当多的一批企业能够实现以数字图纸贯穿设计全过程,实现了以三维产品模型为核心的产品设计、分析仿真工艺规划和数控加工技术的集成应用;在企业管理信息化方面,很多企业实现了企业管理账表的数字化,以数字化综合资源模型为核心集成生产管理和经营管理,实现了企业经营管理与资源管理的信息集成和业务协同,尤其是在大型企业和整车企业应用得最好;在整个供应链管理信息化方面,供应链管理(Software Chain Management,SCM)系统、客户关系管理(Customer Relationship Management,CRM)系统等在很多企业得到了应用,有效地保障了整个汽车行业供应链的运营;在商务智能和决策支持方面,信息技术也得到了充分的应用,能够利用信息技术对决策进行辅助支持的企业占27.6%,企业通过信息资源开发利用,能实现数据支持的占到50%以上。

呼包鄂试验区："智慧塞北"的榜样力量

"天苍苍野茫茫，风吹草低见牛羊。"自古以来，畜牧业就是我国北方大地的支柱性产业，从这里输送到全国各地的肉、蛋、奶制品与毛纺织物，无论是质量还是数量，都达到全国一流水准。正因为如此，呼包鄂试验区在建设当地两化融合体系的时候，也处处流露出沁人心脾的"草原风"。

首先来看伊利集团，它在进行内部结构升级之时，大量借助了现代化信息技术的力量。针对乳制品的生产运输、操作规范、质量安全以及信息溯源等，伊利集团都做出了细致的规划。在更科学的生产体系下，伊利集团完成了奶牛射频识别（Radio Frequency Identification，RFID）标签的安装、原料奶品质的现场检测、乳制品的运输监测、婴幼儿奶粉的二维码溯源等全部百分之百达标的任务。

可以说，伊利集团的规范化操作，为中国的奶制品市场起到了模范带头作用，未来还会有更多的企业将信息化管理纳入生产体系。对于我国的奶制品生产商而言，科学有序的生产是行业领域的一次重大进步，而对于广大的消费者来说，更加安全的食品流向餐桌，才是强壮一个民族的真实起点。

除了农副产品之外，大草原上的生态环境同样也需要被纳入大数据体系。过去，人们对土地、水草的监测和评价都是浅显而主观化的，而信息化监测技术被建立之后，更科学、更可靠的园林管理方案就可以通过大量数据参数来实施了。

此外，呼包鄂试验区还大力推动电力、煤炭的信息化管理的进程。这些针对地方产业转型、升级的措施，让我国的塞北地区切身感受到了数字信息时代的气息，而更加优越的产业模式，无疑也为我国边陲地带的工业发展探索出了一条康庄大道。未来，在呼包鄂试验区的启发之下，将会有更多城市着手开展自己的工业化建设。尤其是畜牧业发达的西北地区，都将陆续建立起新的产销模式，达到共同富裕的目标。

呼包鄂试验区：煤炭行业两化融合

煤炭行业是内蒙古自治区的支柱产业之一，在内蒙古自治区的工业体系中占有举足轻重的位置。全面提升内蒙古自治区煤炭行业的两化融合整体水平，不仅对提升内蒙古自治区其他行业的两化融合水平意义重大，也对推动全国煤炭行业的两化融合进程至关重要。

内蒙古自治区将煤炭行业信息化作为"两化融合"的一项重要内容在呼包鄂试验区中的鄂尔多斯市进行试点。自2009年起，该试点项目先后投资达5000多万元，经过3年时间的努力，搭建了市、县、企业三级互联互通的统一数字化煤炭系统综合平台，实现了市、县、企业三级联网，已建成瓦斯监控系统、人员定位系统、视频监控系统和产销管理系统等十几个业务系统，覆盖了管理、生产、销售、安全的各个方面。2012年，鄂尔多斯市煤炭经营企业196家，视频监控系统接入146家，运销系统接入242家，人员定位系统接入128家，可实现所有煤炭经营企业联网运行，形成了利用信息化手段对辖区煤矿的全方位综合管理能力，提高了决策和管理的水平，进一步加强了对煤矿的安全生产实时监控和提前预警，有效促进了煤炭经营企业在生产、管理、销售和安全等方面信息化水平的提高，推动了煤炭行业的两化深度融合进程。

鄂尔多斯市的信息化和工业化同步推进产生了新的煤炭行业发展方式，改变并创新了煤炭行业的流程、方式、管理、监管和服务方法，形成了市级煤炭综合平台、旗区煤炭局、煤炭集团同步进行监管的电子政务监管体系。

"云""格""网"一体化深度融合的模式使煤炭经营企业的生产经营管理产生了根本性的变化，煤炭经营企业的社会效益、经济效益、整体素质，特别是适应市场环境变化的反应能力有了大幅度提升，形成了新的竞争力。与此同时，煤炭企业的两化融合也促成了行业内部、行业上下游之间的协作，提高了鄂尔多斯市煤炭行业的整体竞争力。

唐山：变则通，不变则壅

在中国工业的发展历程中，唐山扮演了一个极其重要的角色。从历史的角度来说，这里诞生了我国第一座机械化矿井、第一台蒸汽机车、第一条标准化铁路、第一件卫生陶瓷，并且创建了开滦煤矿等。中华人民共和国成立之后，唐山作为全国为数不多的具有较强工业背景的城市，为我国的工业化进程贡献了不可磨灭的力量。

但和大多数传统工业城市一样，进入 21 世纪之后，唐山也面临着更加剧烈的阵痛，那就是在新型产业的猛烈冲击之下，原本已经根深蒂固的城市产业结构，到底应当如何响应时代号召，完成转型升级？唐山在过去数十年时间已经建立起了一套完整的工业体系，并为我国其他以重工业发展为主的城市树立了榜样。随着世界工业体系的进一步发展，旧有产业模式的弊端也为世人敲响了警钟。环境污染、产能过剩、效率低下等问题层出不穷，以唐山为代表的传统工业都市正被一步步推向"变则通，不变则壅"的境地。

两化融合管理体系在唐山的应用，不单单是帮助唐山的传统工业完成改造升级，同时也是为全国所有的类似城市探寻道路。幸运的是，在实践两化融合的过程中，唐山显现出了高度的可塑性与上升潜力。

首先，地方政府对资源整合与平台建设给予了有力的支持。为切实践行两化融合理念，唐山市政府从城市财政预算中划拨

500万元专项款，用于扶持本地信息化平台的建设。例如，在钢铁领域，唐山市政府与唐钢集团牵头组建了交易平台——"物联宝"。统计表明，自2014年7月投入使用以来，"物联宝"取得了立竿见影的效果。在接下来的一年时间里，唐钢集团通过"物联宝"采购了9800万元的备品器材，而假如通过常规渠道采买，这笔费用将会达到1.04亿元。同时，"物联宝"平台的应用还帮助唐钢集团减少了1亿元的库存占用费，仅仅在2015年的前7个月，唐钢集团就实现了3.6亿元利润，为同行起到了良好的示范带头作用。除了钢铁领域之外，其他传统领域也在地方政府的鼓励下开展了信息化改造。事实证明，科技互联网平台的介入，将唐山工业推向了新高度。在更为先进的产销模式之下，各类资源得到了充分利用，企业效益也因此得到了提升。

其次，地方政府对信息技术在传统工业领域的应用也做出了不懈努力。例如，在钢铁冶炼的过程中，炼钢炉的温度是至关重要的。受限于技术水平，工人需要把温度烧到700℃以上，才能将炼钢炉内的温度推送到450℃。传统生产模式存在极大的资源浪费问题，而在信息化管理理念之下，这一问题就能得到有效解决。在新型技术的指导之下，整个生产流程都受到计算机的控制，只要将高炉烧到500℃，就能保证生产的顺利进行。而且，冶炼过程中未能"做出贡献"的余热，也都会由计算机控制系统回收用于发电。

耗能减小与二次利用极大地提升了企业效益。在地方政府的倡导之下，唐山当地的传统工业开始重视信息化技术在生产过程中的重要作用，由"老师傅"主导的经验主义，也逐渐被新兴科技化生产技术取代。

最后，地方政府还通过信息技术对产业供应链的完善进行了指导。 在地方工业发展的过程中，如果更为精准的市场动态能够通过大数据处理获得直观的表现，那么生产要素得到优化配置也就是顺理成章的事情了。

通过一系列的努力，唐山的传统工业转型升级已经取得了良好的成效，并且为同类型城市做出了示范。这样的结果堪称奇迹，毕竟一个历史悠久、根基稳固的工业城市，要想在短时期内打破旧秩序、建立更新的运营模式，其实是相当困难的。在推进两化融合的过程中，唐山以一种敢于突破、勇攀高峰的大无畏精神，为全国各大传统工业城市树立了标杆。自此以后，无数因重工业而兴旺、崛起的城市或地区，都能在践行自身产业升级的时候，真真切切地做到有章可循、有法可依。

唐山：两化融合引领产业经济发展

唐山是我国北方工业重镇、近代工业的摇篮，拥有钢铁、机械、化工、建材、能源等支柱产业，是国家重要的能源、原材料基地之一。唐山的曹妃甸是首批国家级两化融合试验区之一。唐山积极探索和提炼适合本地实际的推进路径和模式，确立了"推进两化深度融合，提升企业核心竞争力、产业综合竞争力，优化区域产业结构，促进区域发展方式转变"的指导思想，积极开展了区域、行业、企业、项目等层面的两化融合评估工作，推进和完善支撑体系建设。唐山通过推进主导产业中两化融合项目的示范引领，全市两化融合项目对产业经济发展的拉动作用明显增强。

例如，在钢铁行业，曹妃甸以拓展应用、深化融合为目标，以挖潜增效为主线，围绕加强企业内控管理、提高产品档次和质量，重点支持推进唐钢集团、首钢京唐、首钢迁钢、唐山建龙、港陆等一批有代表性的钢铁企业的信息化改造示范项目。首钢京唐建立了分布式制造执行系统（Manufacturing Execution System，MES），实现了生产计划与制造执行的无缝衔接；首钢京唐的 ERP/MES/DCS 体系架构，实现了系统间的集成共享。首钢迁钢在线质量判定系统、产品综合查询系统的建成，实现了板坯及板卷表面质量的实时在线监控和在线质量判定，确保了高端高效产品的低成本稳定生产。曹妃甸还支持唐山建龙按照国家 B 级标准建立互联网数据中心（Internet Data Center，IDC），实现了企业信息化基础资源共享。通过一系列高水平项目的建设和示范推广，在金蝶、用友等公司的积极参与之下，曹妃甸有效带动和引发了钢铁行业一大批两化融合项目的实施，目前钢铁行业已经成为唐山信息化装备程度最高的主导行业。

再如，在建材行业，唐山促成冀东水泥集团与用友公司结为战略联盟，成立了水泥行业信息化解决方案研发中心，面向全市水泥企业提供信息化整体解决方案。冀东水泥集团自主研发的水泥企业管理系统已在公司下属的全部水泥企业部署运行，其总公司与遍布京津冀、辽宁、吉林、陕西、内蒙古五大区域的各个子公司之间已经建立起先进的信息化管理系统，并为集团面向山西、湖南、重庆、山东、四川的业务拓展提供了有力的支撑。冀东水泥集团通过信息技术的深入应用，带动技术改造共 176 项，总金额达 55955 万元，现已开工技改项目达 168 项，已经投资了 24700 万元，新增经济效益达 3000 万元。

山东省：五招齐发，加快推进制造业新旧动能转换

山东省是中国的经济第三大省、人口第二大省、中国温带水果之乡，GDP 稳居全国第三名，占中国 GDP 总量的 1/9。2013 年，山东省与广东省、江苏省一起被评为中国最具综合竞争力省份。工业是山东省国民经济的重要支柱，2016 年规模以上工业增加值增长 6.8%，实现利润达 8643 亿元，其工业利润占全国的比重高达 12.56%，居全国第二位。加快推进两化融合，既是山东省贯彻落实国家战略的客观要求，也是其坚持走新型工业化道路、加快制造业新旧动能转换的重要举措。山东省通过提高传统产业质

效、打造工业供给能力新提升、提高跨界融合潜力、塑造工业新形象、培养高素质人才5种手段，推动两化融合发展，实现制造业新旧动能转换。

传统产业仍然是制造业的主体，是长期积累起来的发展基础，绝不是"包袱"和"落后"的代名词。加快制造业新旧动能转换，必须坚持走新型工业化道路，运用新技术、新业态、新模式改造提升传统产业，推动传统产业的转型升级，衍生新兴产业，形成发展新动能。山东省定期发布重点产业技术改造投资指南和重点项目导向目录，确定在2016年到2018年对全省主导产业规模以上企业进行一轮高水平技术改造，引导企业不断加大技改投入、优化投资结构、提升投资效益。山东省坚持产业化方向和市场导向，着力突破制约制造业新旧动能转换的关键核心技术，推动更多创新成果转化为现实生产力。2016年，山东省发布了高端装备等17个行业技术发展白皮书，有效引导了企业创新投入；实施产业链提升工程，加快推动企业由生产制造向研发设计和营销服务转变，做强"微笑曲线"两端，促进产品结构由原材料产品向制成品转变；由初级产品、中间产品向终端产品转变；积极化解过剩产能，坚决淘汰落后产能，确保完成国家下达的任务。

加快制造业新旧动能转换，要提高新兴产业规模，加快实现工业供给能力新提升，推动战略性新兴产业成长为支柱产业。例如,山东省以齐鲁软件园、青岛软件园两个国家级软件园为载体,培育全省大数据产业集聚区,浪潮集团、中创软件等一批企业得到了较快发展。山东省培育壮大特色新兴产业,释放"互联网+"的力量,大力发展大数据、云计算等有技术优势、产业基础的新兴产业,支持智能制造、绿色制造、增材制造等关键装备创新应用,推动特色新兴产业迅速壮大规模;加快发展智慧产业、未来产业,紧跟科技进步和产业变革趋势,积极发展智慧能源、智慧物流等产业,抢占未来产业发展的制高点。

加快制造业新旧动能转换,要提高跨界融合潜力,逐步形成融合发展新优势。山东省挖掘制造业与服务业融合发展的新增长点,把服务型制造作为发展生产性服务业的关键领域,培育个性化定制、总集成总承包、全生命周期管理等新业态、新模式,扩大研发设计、科技咨询、信息技术服务、第三方物流等专业化服务规模。例如,海尔发展"互联网工厂",用户的个性化产品订单直接下到工厂,再由工厂自动完成整个产品的生产。山东省今后要大力发展云制造、互联网制造等新型制造模式,挖掘产城融合新增长点,在城镇化进程中强化产业支撑,打造特色产业小镇,其还联合中国人民银行济南分行,发布了"5+4"去产能行业企业"白名单",筛选了253家优质企业,发布融资需求共1138亿元，鼓励金融机构"一企一策"制定精准化、差异化的信贷政策，支持企业技术创新和结构调整。

加快制造业新旧动能转换，要提高品牌价值档次，努力塑造工业新形象。山东省以"标准强省""质量强省""品牌强省"建设为抓手，擦亮"老字号"，叫响"大品牌"，支持"成长型"品牌，加快培育国内外知名自主品牌，打造"山东百年品牌"，推动品牌优势向价值优势转变；加强全面质量管理，大力弘扬"工匠精神"，提高产品和服务的质量；积极适应消费需求向个性化、高端化升级的新趋势，大力增品种、提品质、创品牌；以"好品山东"为引领，集中打造山东省的优秀工业产品，引导企业积极开展国际品牌并购、渠道整合，树立山东工业区域品牌、集群品牌形象，扩大"山东制造""好品山东"的国际影响力，提升品牌价值；引导企业制定品牌战略规划，强化宣传策划和形象传播，积极发展工业文化，为品牌注入文化基因。

加快制造业新旧动能转换，关键是要打造一支高素质、专业化的人才队伍。山东省要加强高层次科技人才队伍建设，打造优秀企业家队伍，培养更多的"大国工匠"，抓好干部教育培养。

东岳化工：两化融合打造新东岳

东岳化工创建于1987年，经过30多年的发展，在新环保、新材料、新能源等领域掌握了大量的自主知识产权，打破了国外的技术垄断，形成了独特的发展优势。东岳化工在经济新常态下，按照中央提出的去产能、去库存、去杠杆、降成本、补短板的供给侧改革要求，紧紧围绕"学台塑"，努力打造科技创新和智能信息化双引擎这一总抓手。

东岳化工所从事的氟硅材料产业，是尖端科技领域以及体现我国综合国力、人民群众生活所需的关键产业，被列为国家七大战略性新兴产业重点扶持产业。东岳化工自觉将企业发展与国家战略、国家需求紧密联系在一起，充分利用含氟功能膜材料国家重点实验室、国家级企业技术中心等国家级研发平台，最大限度地整合人才和技术资源，紧紧围绕"两个替代"，即对国外产品的国产化替代和对传统中、低端材料的高端化替代，全力打造了以新环保、新材料、新能源为核心产业的氟硅高新技术产业链和产业群。2017年以来，东岳化工已投资1.7亿元用于自主创新研发。

在贸易壁垒层出不穷的国际市场上，东岳化工曾带头（引领行业）打赢美对华HFC反倾销案。经过11个月的谈判和申诉，美对华HFC反倾销案于2016年7月做出最终裁定：HFC单体将不执行反倾销税。这对国内化工企业来说是一个重大利好消息,对氟化工行业的健康发展具有举足轻重的意义。

按照两化融合的要求,东岳化工从2013年年底开始,以提升信息化管控为核心,对标"学台塑",开展了一场管理的革命。东岳化工先后组织四批共87人赴中国台湾地区学习,四批共132人赴宁波台塑工业园对标学习,邀请台塑高管到公司讲课和互动交流,每周组织各项专业研讨会、交流会,全面引进台塑生产系统管理软件,利用台塑信息化工具从试点开始逐步进行工艺自动化、信息化、智能化改造。

通过3年时间的努力,东岳化工在撤并、整合生产系统车间、工段,优化生产管理架构,实行扁平化管理上取得了巨大的成效,人力资源优化精简24%,突破了信息化管控的瓶颈。东岳化工合并中控室3处,实现了公司生产运行集中控制,管控信息化和装置自动化水平从65%提升到96%。2016年,东岳化工跻身全国63家"智能制造"试点示范单位,也是全国氟化工行业唯一一家。

此外,东岳化工实行"机器换人",推动自动化、信息化、智能化建设,将其运用在具有高效益回报的项目上。

"十三五"期间,东岳化工立足"两个替代",内建体系,外建联盟。同时,东岳化工积极对接国家、省市政策措施,进行能源系统信息化节能改造,整体实现能源集中管控和电、水、动力系统"无人无灯车间",能耗整体下降 20% 以上;全面专业化挖掘现有 DCS 系统的管控潜力,对装置进行自动化提升改造,在两年时间内实现生产装置自动化率和管控信息化率达到 100%;搭建公司生产管控平台(MES 系统),推进整体生产系统的大数据化管理。

第八章　信息通信，在融合之中再融合

ICT 是指信息通信技术，是信息技术与通信技术的融合。21世纪初，一项名为《全球信息社会冲绳宪章》的文件在日本冲绳由八国首脑共同提出。文件指出，ICT 必然是 21 世纪社会发展的强劲动力。作为一种新兴技术，ICT 的功能不仅体现在信息领域，它还能扮演智能工具的角色。

在两化融合的进程中，新一代信息技术层出不穷，尤其是云计算、移动互联网、物联网、大数据等。只有使它们与现代制造业相结合，促进电子商务、信息技术与工业技术稳步健康发展，支持和引导互联网企业，加快拓展国际市场，我们才能走好两化融合的发展之路。国家已经设立了 400 亿元的新兴产业创业投资引导基金，并计划整合筹措更多资金，为产业创新提供充足的政策和资金支持。

第八章 信息通信，在融合之中再融合

我的报告厅
REPORT

如何使信息技术在工业领域得以融合应用，从而促进工业发展、实现智能制造，是"信息化"方面需要开展的工作。为此，我国提出了"电子商务和物流信息化集成创新""互联网与工业融合创新"的专项行动以及"加强网络与信息安全保障"等措施，并希望能够将B2C电子商务、物联网、大数据、云计算等信息技术更好地应用于制造业。所以说，两化融合是一个信息化与工业化并重的过程，这与我国所处的产业发展阶段是密不可分的。

——《"工业4.0"时代到来，我们应该怎么办》摘录

"生产什么卖什么"的传统理念正在日益弱化，取而代之的是以消费者需求为中心的生产经营新理念。

——《深入推进大企业"双创"平台建设》摘录

在互联网尤其是移动互联网的爆发式发展推动下，生产者和消费者之间的关系发生了根本性的变化。线下消费向线上消费习惯的变迁以及高性能移动终端设备的普及，使消费者行为变得积极主动，由被动消费变为主导消费，从而导致企业价值链主导权从生产商、流通商转到消费者手中。由此，企业必须尽快调整战略，主动变革生产与组织方式，以适应上述革命性

的变化和挑战。

——《互联网如何推动工业融合创新》摘录

信息技术与制造技术融合正催生工业生产力的重大飞跃。大数据技术加速革新由传统资源驱动的经济增长方式,物联网应用持续推动着服务型制造的快速发展,云计算平台推动着生产性服务业的创新发展,能源互联网技术显著增强了摆脱资源能源环境约束的能力。

——在 2014 年 1 月"第四届中国云计算应用论坛"上的发言

第八章 信息通信，在融合之中再融合

1. 云计算，为两化融合奠定基础

两化融合开展的步伐逐渐加快，其对资源共享和透明度的要求也越来越高，在这样的社会大环境之下，云计算应运而生。这是一种通过互联网来提供动态虚拟化资源的共享平台，很显然，它并不是一种技术或是产品，但我们可以把它理解为多种技术的集成应用。对于云计算这一概念，美国国家标准与技术研究院给出了较为贴切的诠释——一种资源利用模式。

云制造，为中国企业解围

在信息化日益发展的大环境中，云计算的出现是一个必然趋势。在互联网的基础上，云计算表现出云端服务、超大规模、虚拟拥有、通用性、高扩展性、按需使用、廉价性以及方便快捷等特点。在运行云计算时，计算过程呈现在分布式计算机上，企业可以根据需要有目的地进行访问。

华为公司看到了云计算的发展势头，于 2011 年建立华为企业云，投入了云计算的发展行列。

华为企业云的服务立足于互联网，并借助华为公司雄厚的资金实力，迅速在北京、南京、深圳等地创建了研发基地和运营机构。在汇集人才的同时，华为公司贯彻一贯的"云、管、端"战略方针，在生态拓展和公有云领域进行技术研究。华为企业云的发展目标是占据中国公有云服务与解决方案供应商的龙头地位，致力于为所有用户提供一站式的云计算基础服务。针对

互联网的"包罗万象"，云计算当然也需要涉及多个领域，因此政府部门，大、中、小型企业，互联网增值服务运营商，科研院所等都是华为企业云的联合服务对象。其业务内容有云存储、云主机、云托管、企业IT、游戏托管等一系列服务，当然也包括相应的解决方案。

华为企业云响应国家两化融合战略，于2017年1月9日与三一重工、树根互联技术有限公司（简称"树根互联"）签署了云计算战略合作协议，三方合作业务多是工业和城市物联网，旨在通过三方合作打造出一个工业物联网云。

在这次合作中，三方企业都充分发挥了各自的优势。华为企业云有着领先行业的品牌、技术以及网络覆盖范围，再加上树根互联在物联网领域中的技术和方案优势，三方以此为依托，向着智慧城市领域、工业物联网云以及政府和企业的基础云服务方向迈进。

需要说明的是，云计算技术仍然存在诸多需要完善的地方。云计算结合信息化技术，为企业工业化服务，在发挥计算服务的同时，还肩负存储的任务。但是，这种存储服务显然被私人机构掌握着，而他们能够提供的也只是商业信用。对政府机关、银行机构等需要信息保密的单位来说，在选择云计算服务时，应当谨慎考虑这一方面的隐患。如今是信息社会，"信息"的作用和地位不言而喻。倘若掌控云存储的私人机构掌握了大量的数据信息，那么这无疑存在着巨大的风险。因此，在云计算信息资源共享的发展道路上，我们仍有很长的路要走。

多领域竞争

任何产品都有生命周期，新兴技术也不例外。处于成长期的产品总是充满发展潜力，也会吸引众多企业纷纷效仿。时至成熟期，产品市场渐趋饱和，如果想继续在激烈的竞争中生存，就必须具备新的竞争力。如今电子商务的发展风靡全球，新兴的科学技术和高额的增收利润使其受到众多企业的应用追捧。但是，随着电子商务市场的饱和，其原有的价格优势已经无法形成竞争力，"质量""品牌""用户体验"逐渐成为消费者更看重的因素。

同样，作为新兴技术的云计算正处于"欣欣向荣"的发展阶段，众多企业的加入顿时放大了商业竞争。2016年，云计算笼罩在"价格战"的阴霾中，但是，到了2017年，"价格战"的硝烟便销声匿迹了。云行业表面上归于平静，其实是在酝酿一场更为宏大的"战争"。

2017年2月20日，阿里云的N5规格族启动公测，其作为阿里云服务器的新兴技术，是基于英特尔Skylake Xeon处理器研发的。同日，腾讯云宣布将启用英特尔Skylake处理器，推出新一代云服务器。阿里云与腾讯云在同一天宣布与英特尔合作的消息，代表着云计算领域即将出现新兴云技术，同时也说明，在云计算领域，"价格战"并非长久的发展趋势，技术上的角逐才是恒久的话题。云计算领域一直缺乏富有影响力的技术手段，因此，技术上的创新以及个性化的需求将成为现阶段企业的竞争焦点。

根云平台：打造有影响力的工业互联网平台

三一重工是一家以生产混凝土机械、挖掘机械等工程机械为主的制造企业，曾实现6年收入从50亿元增长到800亿元，总市值从40亿元到1370亿元的成长奇迹。然而，近些年来，随着中国基础设施建设速度降低，工程机械行业开始出现产能过剩的重大危机，三一重工的营业收入下降。为实现转型升级和效益提升，三一重工组建了树根互联，打造了根云工业互联网平台。

可以说，根云工业互联网平台是建立在三一重工多年工业互联网平台探索积淀的丰富资源和经验基础之上，是"机器专家"与"互联网专家"跨界融合的尝试。根云工业互联网平台能够实现面向复杂产品全生命周期管理提供远程维护、故障预警、配件需求预测、技术升级等服务，可有效提高设备的运行和维护效率，同时可开展设备共享、资产管理、金融保险等服务，加快向产业链金融这一高端服务领域拓展。

作为现代工业的"机器互联网平台"，根云工业互联网平台可实现设备360°全生命周期管理，涵盖物联监控、智能服务、能耗耗材、资产管理、设备协同、二手交易、设备保险、交易支付、货款保理、共享租赁、改装再造等。它是首个由中国本地化工业互联网企业打造的中国本土、自主安全的工业互联网平台，基于对中国制造业的深刻理解而生，更加符

> 合中国制造企业的需求，性价比更高，尤其能够解决中、小企业在物联网信息化建设中遭遇的资金不足、技术匮乏等痛点，并且接入更方便，能够给客户带来最直接的经济效益。

2. 移动互联网，为两化融合打开快捷之门

移动互联网是移动通信和互联网的综合体，是移动通信技术结合互联网平台，在商业模式中进行的实践活动，具有隐私性、便携性和轻便性等特点。智能手机、4G、宽带的发展就是移动互联网的呈现。移动互联网包含了"移动"与"互联网"两个部分，同时也结合了二者的优势，远程互动更加便捷，因此可以说是二者的升华。在运营移动互联网的过程中，一些应用技术由互联网企业提供，而无线网络接入则由运营商提供。

移动互联网也是推进两化融合发展的重要因素，作为融合发展的"桥梁"，互联网基于中国制造延伸出了以"互联网+"为代表的多项创新模式。

互联网为人类的发展活动开辟了新空间和新方式，催生出了共享、服务、开放、创新的理念内涵。在工业生产活动中，互联网的应用不断深化，而二者在工业生产环节不断创新融合，衍生出服务型制造、个性化定制以及工业云等新型模式，信息化的加入更是推动了汽车制造、工程装备、家电制造等工业领域走向智能化、网络化、服务化及柔性化的发展历程。

"互联网+工业"的助力

互联网与工业的融合发展是两化融合发展的新阶段,而信息技术与工业技术的结合也是全球工业系统与高级计算机分析传感技术及互联网的高度融合。

为了推进互联网与工业的融合发展,"互联网+"逐渐深入工业制造领域,新一代信息技术对工业制造的支撑作用愈发明显。市场中原有的 B2C(商对客)、C2C(客对客)电子商务模式,正在朝向个性化的 C2B(客对商)模式靠拢。传统交易平台所应用的电子商务技术,也逐步被应用于产品研发、生产加工以及金融融资领域。

现阶段,我国"互联网+工业"的创新发展模式把智能工厂作为载体,协同网络进行生产,形成了产品设计、生产、供应以及服务各个环节无缝对接的生态系统。互联网在整合企业价值链、建立资源信息共享平台的同时,还集成了企业内部的资金流、物流以及信息流,实现了产品各个生产环节和生命周期之间的信息连接。

"互联网+工业"催生出了新的市场商机,使制造企业开始向服务化转型;企业的组织模式由原来的集中化走向分散化,从而实现了分片管理,消除了信息闭塞和决策垄断的弊端;企业的产品由标准化开始向个性化转型,这满足了用户的个性化需求,也为企业开辟了更广阔的市场;企业的产品设计、生产

第八章　信息通信，在融合之中再融合

和销售环节的联系更加紧密，物流与制造环节实现了信息互通、协同运作；互联网的生态系统走向了多元融合的创新局面。

信息技术与工业技术通过集成分析数据信息，在确保安全的前提下，引导新兴信息技术与互联网在工业领域、产业链、价值链中融合集成应用，推动制造业向智能化的方向发展，使企业形成智能运营和管理决策、采用智能设备和生产控制以及智能控制供需的三大闭环，进而在全面互联制造的道路上发展业务创新和模式变革。

随着信息技术与工业技术的兴起，聚势发展产业体系顺势形成，工业制造业的供给体系面临重构，供给侧改革和制造业价值链的地位调整都将迎来重大契机。依靠智能制造、大数据管理以及新兴工业网络，我国发展了一批技术先进且具备行业代表性的龙头企业，像海尔、华为公司、三一重工、航天科工等。在人工智能、边缘计算等新兴技术领域，多家相关企业也展开了研究和探索。目前已有300余家国内外工业和信息通信领域的龙头企业结成战略联盟，而这些企业的联合形成了跨界融合效应，催生出了众多创新模式，在产业生态系统中，协同共赢的商业目标逐渐成形。

当然，在看到信息技术与工业技术为制造业带来重大机遇的同时，我们也应当重视其弊端。虽然跨界融合使制造业碰撞出了创新的火花，但同时它也提出了非常复杂的技术要求。在智能制造方面，工业智能化的程度偏低，这在

一定程度上阻碍了信息的互通互联。工业数据分析技术刚刚起步，缺乏一定的经验指导和方法应用。此外，信息技术与工业技术的发展是一个循序渐进的过程，在推进其发展的同时，还需要加强国内外的发展交流以及跨界融合的支持推进。只有抓住机遇，勇于面对挑战，才能够实现"互联网+工业"的聚势共赢发展。

烽火科技：打造"互联网+"光电生态圈

烽火科技克服了光电行业门槛高、资源分散、供应链复杂的困难，通过打造光电产业云共享支撑平台，优化资源配置，引领产业转型升级，创新商业模式和服务业态，助力我国光电产业十几年来一直保持两位数的高速增长，成为我国经济发展的重要支柱之一。

烽火科技打造的光电产业云共享支撑平台，以"互联网+光电"为出发点，基于烽火科技信息通信领域40多年的技术优势、产业沉淀和管理经验，通过云计算、大数据与光电产业的深度融合，面向政府、园区、光电企业和创新创业者，提供需求对接、资源共享、生产协同、创业孵化、教育培训等行业公共服务，获批国家发展和改革委员会首批"互联网+"重大工程项目。

目前，该平台注册用户已达3282家，合作伙伴近200家；孵化新产品、新技术达110余项；开展创业创新培训近2000人次。线下实体空间已吸纳54家企业入驻，孵化团队81个，签约13家银行，入驻企业获得近3亿元投资。该平台与国家工业信息安全发展研究中心、武汉东湖开发区、北京邮电大学、湖北省创新创业培训中心、楚创空间、湖北省中小企业协会等机构在政策研究、学术探索、人才培养、成果转化方面全面合作，与武汉邻盛在线有限公司签订战略合作协议，由武汉邻盛在线有限公司对接平台中入驻的中小微企业，为企业提供便利的办公自动化（OA）系统、客户关系管理、供应商管理和进销存管理等信息化应用，扩大信息化产品的市场占有率。同时，该平台结合光纤通信技术和网络国家重点实验室、烽火科技学院、网锐实验室、烽火创新谷及烽火创投、与时投资等内部"双创"资源，推动"政、产、学、研、用"五位一体的协同创新。

3. 物联网，泛在连接助力融合深化

物联网是一种信息技术，同时也是两化融合中信息化发展的重要组成部分。互联网是一个信息共享平台，而物联网则是物物相连的互联网，能够实现物品之间的信息交流，是互联网的扩展和延伸。物联网充分应用智能感知、智能识别等技术，以推动网络融合发展。因此，它也被称为继计算机、互联网之后的"世界信息产业发展的第三次浪潮"。物联网不只是一种"网络"，确切地说，它应当是一种应用和业务。因此，物联网发展的核心是应用创新。

揭开"ABC+物联网"的神秘面纱

物联网通过局域网或互联网,把传感器、控制器、目标物体等联系在一起,实现了人与人、人与物、物与物之间的联系,从而形成一个通过信息化和智能化手段进行远程管理控制的网络。物联网继承和发展了互联网所有的资源,并可以兼容互联网的所有应用,只不过物联网中的元素存在私人化和个性化的特征。

"十三五"规划在两化融合战略中提出了"制造业应着重发展基础能力,提高创新能力"的发展要求。物联网的兴起使产业设备的界限突破了企业本身的限制,走向了直接服务对象,用户已经真正体会到人与物、物与物之间的便捷联系。人工智能(Artificial Intelligence,AI)、大数据(Big Data)、云计算(Cloud)(简称"ABC")与物联网技术的融合,将推动物联网向智能化、云化的方向发展,而物联网具备的庞大数据优势,也为 ABC 产业的发展提供了丰富而准确的信息支撑,从而充分发挥出了大数据所带来的产业价值,推动了制造业的智能化转型升级。

"ABC+ 物联网"模式是百度产业发展的创新。近年来,百度人工智能发展迅速,这一项目很快站在了产业的前沿,成为智能制造领域的翘楚。同时,百度一直致力于推进 ABC 产业与物联网的融合发展,实现了传统产业向智能化制造的转型升级。其开发的"Deep Speech 2"(深言系统)作为智能语音识别系统,入选了《麻省理工科技评论》评选的2016年"十大突破技术"榜单;在2017年评选中,百度的刷脸支付技术入围,百度也成为史上首个连续两次有技术入选的中国公司。国家发展和改革委员会批复在百度建立技术及应用工程实验室。

2017年2月28日,"2017百度云智峰会·高端智能制造大会"在苏州举行,英特尔、上海电气集团、上海交通大学、苏州工业园区代表以及西门子中国研究院等机构受邀出席。大会讨论了智能物联网的创新项目和智能制造业发展的现状及前景,百度时任副总裁尹世明指出,百度云将发挥自身在ABC领域的资源和技术优势,协同苏州工业园的信息化建设,推动ABC产业的发展。

百度云把大数据、智能制造、人工智能技术以及百度安全融为一体,形成了"天工智能物联网服务系统",实现了企业设备端到服务端的无缝对接。多种物联网应用的构建使物联网的智能水平获得了一定程度的提高,同时物联网的使用安全也得到了更好的保障。在两化融合的高效发展过程中,百度云的"天工智能物联网服务系统"成为领先响应的典型。百度云也将在智能物联网等领域,与苏州市政府及企业达成战略合作关系,助力苏州产业全面智能化转型升级。

2016年和2017年的"百度云智峰会"推动了智能制造产业的发展,形成了ABC产业三位一体化的格局,为行业内交流技术和关联产业合作提供了平台。百度云将持续加快脚步,以追求三位一体环境下的全行业技术创新和产业变革。

"新电商"方程式,解法在哪里?

在两化融合的发展中,智能制造备受瞩目,传统企业开始向物联网智能制造方向转型,数据资源的共享使信息更加开放透明、简易便捷。随着人们消费水平的提高,产品和消费方式也实现了升级,通过与移动互联网的融合,催生出了智能化的新兴电商,其中一个比较有代表性的就是智能家居的发展,这也是物联网应用发展的典型。

2016年,智能家居行业的发展趋于平台化和生态化,行业市场逐渐成熟,企业的目光开始朝向智能转型升级的新模式。与此同时,智能家居企业之间开始进行密切合作,实现了资源和配套设施共享,建立起了智能家居生态圈。现阶段,智能家居的发展已经渗透进了各个行业,小米的"米家",苹果的 App Home,百度和 Peel 的合作,以及 Vivint 获得的 1 亿美元风险投资,都清晰地展现了智能家居强劲的发展势头。

智能家居跟进消费升级的市场方向,生产出智能化和引领高质量生活的智能家居,衍生出了众多发展机遇,市场中的智能产品也如雨后春笋般出现,多至不计其数。虽然如此,智能家居在我国的普及程度仍然不高,相对西方发达国家来说存在一定的差异。究其原因:一是我国消费者普遍没有体验到智能家居的服务,加上较为高昂的产品价格,很难产生购买欲望;二是智能家居市场的发展尚不健全,监管力度不够,缺乏统一的衡量标准,但是,消费升级的趋势已然很明朗,相信智能家居定会像智能手机一样,在不久的将来普及千家万户。

　　智能家居的发展蒸蒸日上,这使一些电商公司看到了广阔的市场前景。作为传统电子商务平台的苏宁、京东、天猫也开始逐步涉足智能家居领域。现阶段,流量红利正在逐年递减,流量争夺战的火药味愈发浓厚,产品品质需求日益提升,市场格局正在呈现一定的变化,"新电商"模式开始出现。

　　互联网和智能化相融合产生的"新电商"在运营方面着眼于优化商品服务和个性体验,同时抓住了用户社群化的特点。在此之前,用户进入电商平台,不管有没有购买行为,都被称为意向购买者,而在"新电商"平台,只要用户登录,他就不仅是作为意向购买者,更多的是作为服务体验者。人们对生活质量的追求越来越高端,家居产品的智能化、个性化以及场景和谐化成为用户在传统需求基础上的新要求。"新电商"将通过互联网与大数据的协作,实现物物相连,把用户体验与产品推荐联系起来。很多时候,用户并不明确自身的需求,抑或是无法判断自己真正需要什么样的产品。而这些问题"新电商"都能够予以解决,这也是其运行的核心。

　　说到底,能够从本质上吸引消费者的,还是产品的质量,消费活动面临升级,这就要求随之兴起的智能家居要有较高的产品质量。智能家居当中的智能化并非只是可以用智能手机控制一下设备,真正的智能化是能够被感知和理解的,甚至是产品能预知使用者的意愿和想法,从而进行智能运作。最典型的就是通过语音进行人机交互,这已经达到人与物相连的阶段。

家核优居致力于智能家居生产，追求"懂得"使用者心思的智能化。其建立智能家居推荐平台，让用户自己去发现、传播和分享。用户在平台发布信息的前提是亲身体验、试验过这些智能家居，在传播的过程中，这些信息会使更多的人进行体验，并做出一定的评测，从而加深消费者对智能家居的印象和理解。家核优居自2016年3月推出智能家居产品以来，已经"圈"住了50多万活跃用户。一些有智能工厂的厂商也对其产生了极大的兴趣。平台上线不到两个月，家核优居就摆脱了"移动互联，一味投钱"的市场行情，开始有了营业收入，并很快实现了初步盈利的目标。

经济新常态日益发展，各行各业面临产业转型升级，在移动互联网领域，消费升级成为时代发展大势，物联网正在急速"圈地"，移动电商只有紧握市场机会，才能在激烈的竞争中取得一席之地。

华为公司：物联网即服务

经过近几年技术与市场的培育，物联网即将进入快速发展期，华为公司作为国内的信息通信技术（ICT）公司，正在积极行动：一是从产品角度加大研发力度，推动商用版本尽快上线；二是在市场拓展策略上，华为公司的重心是打造行业标杆，提升解决方案成熟度；三是在商业模式方面，华为公司推动多样化的商业模式，引入多家模组厂商合作，降低模组价格，加快NB-IoT（窄带物联网）商业化落地。

第八章 信息通信,在融合之中再融合

在产品方面,华为公司继续加大研发力度,加快推动 NB-IoT 商用化,继在 2017 年年初推出了全球第一款商用 NB-IoT 芯片 Boudica 120 后,又宣布公司的芯片出货量在下半年可以达到每月 100 万片。

在商业模式方面,华为公司推动多样化的商业模式,引入多家模组厂商合作,降低模组价格,加快 NB-IoT 商业化落地。华为公司尤其注重与运营商在商业模式方面的实践。华为认为,运营商增加连接数量,以连接数实现收益是基础。运营商可以通过提供一站式物联网解决方案,为垂直企业赋能,以获得收入。并且,运营商可将其云平台打造成类似于苹果 App Store 一样的闭环商业模式,与应用开发方合作创新,实现分成收入。最后,当数据量足够大时,运营商可以借助 IoT 云服务,与合作方发掘"上云"的数据价值,实现数据价值变现。例如,深圳电信联合深圳水务集团与华为公司,发力 NB-IoT 智能抄表业务,并将抄表业务平台迁移到天翼云 3.0 深圳节点上,通过大数据分析为智慧水务提供精准的决策信息。

例如,在 NB-IoT 智能停车方面,上海联通、千方科技和华为公司等一起合作部署了基于 NB-IoT 的智能停车系统。在这个项目中,千方科技提供停车场运营和停车管理平台;华为公司提供网络设备、芯片;移远通信技术公司提供 NB-IoT 模组;上海苏通信息科技公司提供车检器并集成 NB-IoT 模组;上海联通提供 E2E 集成服务。

> 华为公司的这些商业合作模式的实践,解决了物联网业务落地的挑战,也为后续各方实现共赢发展奠定了基础。2017年,华为公司在全球20多个国家部署了超过30张NB-IoT网络。在国内,华为公司与三大运营商一起拓展了多个商用及试点项目,涉及公用事业、智慧城市、白色家电、物流、零售、农业等多个领域。

4. 大数据,支撑融合的强大资源

大数据是一种信息资产,它能够通过庞大的数据信息,形成强大的洞察力,进而影响决策,达到优化程序、促进模式多样化的目的。

麦肯锡全球研究所指出,大数据的信息量庞大,在获取信息、存储信息以及信息管理和分析方面,它都远远超出了传统数据软件的能力范围,这种数据集合具备了数据规模庞大、数据类型多样、数据流转迅速以及价值密度低的特点。

大数据技术的意义不在于它能够存储海量的数据信息,而在于它对这些信息的分析管理和专业化处理。我们可以把大数据技术看作一种产品,这种产品的成功关键在于它对数据的"加工"能力,而产品的价值就是加工数据所形成的"增值"。大数据技术采用的是化整为零的数据分析方法,把大量的数据分配到多台计算机中,形成分布式架构。因此,大数据技术需要配合云计算、云存储、分布式数据库以及虚拟化技术。

智能制造的"黄金搭档"

在由智能制造推动的两化融合进程中,大数据的支撑成为产业创新转型的关键性因素。大数据将驱动传统制造业转型升级中智能制造的快速发展,同时推动制造业与互联网的紧密融合。大数据一旦被应用于智能化领域,必定会对生产、生活产生重大影响,数据的挖掘和分析也将推动经济社会的发展变革。

"好钢用在刀刃上",既然大数据有着独特的优势,那么要想达到最优融合、发挥最优效应,我们就需要拿出最适宜的方案。如今,制造业被业界称为"大金矿",其与大数据融合所产生的效应,是其他任何行业无法比拟的。然而,制造业和大数据的信息量和内容过于庞大,二者的融合通常是动态和复杂的,以至于我们所期望的最优融合目前还无法实现。要解决这一问题,我们就需要从数据采集方面入手。现阶段,数据的采集和应用多是纵向的,而制造业的发展需要的是纵横交错的数据支撑。

我们把德国提出的"工业 4.0"视作第四次工业革命,其实这次工业革命是数字化世界与真实物理世界的融合。物联网带来了万物互联的网络状态,在这种网络状态下,"万物皆数据"。为了适应市场竞争的发展,制造业必须依靠数字化转型来控本增效,提升用户体验。

例如,微软提供的是数字化服务,而 GE 航空存在于物理世界,二者的融合就是大数据被应用于制造业带来的第四次工业革命的体现。二者在融合的过程中形成了一个接收飞机传感器数据的互联网平台,企业在平台中通过数据分析能够精确控制发动机的油耗,预测发动机的损坏时间,从而提前对其进行处理和维护,以提高发动机的安全性和可用性。

2016年3月,海尔宇宙云平台(COSMOPlat)问世。COSMOPlat平台拥有多项自主知识产权,主要服务于定制大规模互联网智能制造解决方案。在COSMOPlat平台,海尔产业的智能制造过程具有可视化、开放化的特点,实现了制造现场与用户互联。海尔在产业制造的过程中,通过"互联网工厂"收集用户需求的数据,并逐步向满足个性化、私人化需求方向转型,构建了基于数据收集的研发、制造和服务体系。

大数据促进了海尔的产品端和用户端在一定程度上的转型,这也是海尔从生产电器到生产智能网器、从研究机器到研究人的跨越。随后,海尔根据地域的区别,开展了差异化建设,并根据用户需求,进行个性化生产制造。制造数据还与智慧城市、智慧电网相结合,打开了更广阔的智能制造空间。

此外,青岛海洋大数据的共享也成为两化融合发展的助推力量。青岛海洋科学与技术国家实验室与山东省科学院、浪潮集团,就海洋大数据研发、开放与共享展开战略合作,在发挥各自优势的基础上,推进海洋大数据产业蓬勃发展,提升海洋科技的创新能力。2016年8月,三方共同建立了海洋大数据共享平台和应用体系,通过大数据收集、分析和应用,全面提升周边船舶、航海、物流、渔业、旅游等行业的发展服务水平,为海洋管理提供具有权威性和精准性的数据决策，打造蓝色经济区。在建立合作协议的同时，针对海洋大数据建设，三方还商讨了"智能计算""云数据中心"等专题，与大数据协同推进海洋科技建设。

我国智能制造潜力巨大，大数据智能应用也将成为推动智能制造发展的重要力量。信息化与工业化融合靠的是信息的互通互联，信息的来源渠道复杂而分散，因此，要想形成规范化的管理、进行精准化的决策、保持持久性的融合，就必须对信息数据进行集中化、规范化的管理。大数据的出现顺应了这一要求，我们可以通过对信息进行收集、整合、分析、处理、应用，达到调整决策、加快两化融合进程的目的。

国网大连供电公司：依托大数据综合技术，打造智能配电网运行监控平台

国网大连供电公司（简称"大连供电"）是国家电网公司旗下 31 家大型供电企业之一，其供电区域达到 1.26 万平方千米，用电客户达 376 万户，公司在职职工有 4387 人，资产总额达 113.75 亿元。2016 年，大连供电完成售电量达 261.64 亿千瓦时，在东北地区名列前茅。近年来，大连供电大力实施创新驱动发展战略，坚持以信息化与电网全业务深度融合为突破口，智能电网建设工作取得显著成绩。大连供电曾先后荣获国家级两化深度融合示范企业、全国两化融合创新型企

业、中央企业先进集体、全国文明单位、全国供电可靠性 A 级企业、全国实施卓越绩效模式特别奖、国家电网公司先进集体等荣誉称号。

大连供电作为智能电网大数据应用试点示范单位，充分利用大数据综合技术，打造智能配电网运行监控平台；采用分布式存储、存储节点自调节技术，构建配电网大数据存储架构；采用跨平台空间数据服务引擎及本地空间数据库管理技术，构建了一套跨平台三层架构数据服务方法；充分利用大连供电现有 IT 资源，开发基于 CloudStack 的私有云平台，将配电网大数据存储服务器部署在该私有云平台上；采用 MapReduce 大规模数据并行计算方法和跨平台业务模型解析技术，研发融合生产管理、调度自动化、负荷控制、配电自动化、营销信息管理等系统的集成统一应用平台，实现了配电网跨平台业务系统的全局数据共享。

智能配电网运行监控平台集成和融合了生产管理系统、地理信息系统、95598 客户服务系统、配电自动化系统、负荷控制系统、营销信息管理系统、调度自动化、配电抢修平台等系统资源，实现了配电网基本概况、配电网运行分析、配电网故障隔离等功能模块。该平台整合了内外部信息资源，通过对配电网运行状态的监测和应用分析，深入、动态地掌握配电网的薄弱环节，为分区域、分批次开展配电网建设与改造以及开放容量管理提供支撑；采用了可视化展现方式，实时监控大连配电网的运行状态，监测配电网异常及故障处理等状况，统计分析各项指标，推动配电自动化系统的深化应用；通过对全市配电网运行数据的统计分析，全面掌控配电网的运行指标，实现大连配电网的合理规划建设和经济优化运行。大连供电依托智能配电网运行监控平台建立配电网抢修指挥中心，其管辖范围从10千伏变电所出线到0.4千伏客户表前所有设备，大幅拓展抢修工作范围，实现配电网调度与抢修指挥的高效融合。

智能配电网运行监控平台实现了大连配电网基础信息、运行信息、管理信息的纵向贯通、横向集成和资源共享，突破大连配电网技术和管理瓶颈，及时发现重过载配电线路及配电变压器，从而优化网络架构，降低线路损耗，增加供电区域售电量，配电网的智能监控水平稳步提高，智能化水平达到全国同行业领先水平。

海尔COSMOPlat平台：大数据创新样板

2016年，海尔大型家用电器零售量占全球市场的10.3%，居全球第一。同时，冰箱、洗衣机、酒柜、冷柜的品牌零售量也分别大幅度领先第二名，继续蝉联全球第一。海尔在全球有十大研发中心、21个工业园、66家贸易公司、143330个销售网点，用户遍布全球100多个国家和地区。

在当前的互联网时代,海尔致力于从传统制造家电产品的企业转型为互联网企业,颠覆传统企业自成体系的封闭系统,变成网络互联中的节点,互联互通各种资源,打造共创共赢新平台,实现各方的共赢增值。

近年来,以大数据、云计算、移动物联网等为代表的新一轮科技革命席卷全球,其与信息技术、经济社会以前所未有的广度和深度交汇融合,并深刻改变着人们的生活、工作和思维方式。在这一进程中,数据成为重要的基础性战略资源。作为最早探索智能制造的中国企业,海尔很早就意识到数据和智能制造在行业内的重要地位,并从2012年就开始探索大数据对工业制造领域的作用。

随着探索的逐步深入,海尔运用在大数据以及互联网探索方面的先进成果,推出了中国首个自主创新的工业互联网平台——COSMOPlat。COSMOPlat以互联工厂模式为核心,改变了传统工业制造中单纯"以机器换人"的模式,让用户全流程参与产品设计研发、生产制造、物流配送、迭代升级等环节。在"人单合一"模式的引导下,COSMOPlat真正体现了该模式的本质,即"用户付薪",也就是用户愿意定制企业的产品。它能让用户全流程参与进来,从提出设想到设计、下单,再到最后拿到产品,用户可以看到定制产品的全过程,产品被生产出来直接就送到用户家中。

第八章　信息通信，在融合之中再融合

不仅仅是冰箱，依托 COSMOPlat 这一平台，海尔投产的胶州空调互联工厂使用"流数据"技术进行噪声智能检测，实现了行业唯一、全球引领的零漏检。基于用户端体验空调网器件每天产生的 1 亿条大数据和其中 12% 的用户静音需求数据，生产制造端每天会产生 4000 万组生产大数据，其中噪声大数据达到 50 万组，真正实现了用户需求与大数据的实时对接和闭环。

COSMOPlat 除了体现以用户需求为中心外，还展现了其超越行业的开放性。其他企业可以迅速复制海尔的互联工厂模式，应用海尔 COSMOPlat 的领先成果，快速实现由大规模制造向大规模定制的转型。目前，海尔 COSMOPlat 平台上聚集了上亿的用户资源，同时还聚合了超过 3000 万的生态资源，能够帮助越来越多的企业实现智能智造升级。

从国内到国外，短短 4 个月，海尔 COSMOPlat 的身影已遍布澳洲、欧洲和美洲，不仅代表中国制造成为"国家模式"，更走出国门成为世界工业领域的风向标。

第九章 智能制造,重构未来工业新模式

智能制造是一个知识与智力的综合概念,它对技术和系统有一定的要求。智能制造系统也是一个人机一体化的系统,需要机器人和人类专家的参与。这样的机器人拥有人类的思维,能够自主思考、判断和决策,并在人类专家研发制造的过程中承担部分脑力活动。

智能制造发展的初期倾向于自动化,现如今已经扩展到智能化、柔性化以及高度集成化的层面。制造过程中的很多环节会用到人工智能技术,因此,智能化是制造自动化的主要发展方向。此外,工程设计、生产调度、故障诊断等过程也都可以通过智能制造来完成,并能通过神经网络以及模糊控制技术来进一步提高智能化进程。

人工智能技术适合处理一些较为复杂或不确定的问题,但是要想实现企业制造的完全智能化,我们仍需很长一段时间。而且真正的智能化必定涉及多个领域,如果仅仅在企业层面实现局部的智能化,其意义也将是非常有限的。

第九章 智能制造，重构未来工业新模式

我的报告厅
REPORT

面对智能制造快速发展的态势，我们应采取以下多种举措来普及、推广智能制造模式：制订智能制造发展规划，确定发展路线图，明确方向和重大布局；实施智能制造重大工程，围绕培育智能制造生产模式及发展智能制造技术、智能装备和智能产品，组织实施智能制造三年行动计划；开展智能制造试点示范，在基础较好、需求迫切的行业、地区和企业，组织智能工厂应用示范和智能制造示范城市（区）建设；建立智能制造标准规范体系，破解信息系统不兼容、集成协同难的瓶颈；建立智能制造联盟，加强政府、企业、服务机构间的沟通交流。

全国工业和信息化工作会议指出，要以智能制造为主攻方向，大力推动两化深度融合，并将组织实施智能制造试点示范专项行动。这必将加速智能制造在工业领域的应用推广。预计未来几年，地方将密集出台一批相关配套方案，全国将掀起推进智能制造模式、推广智能制造应用的热潮。

——《推进两化深度融合的十大对策》摘录

互联网与工业的融合基本沿产业链由下游向上游推进，消费品行业面对多变的消费需求，也最靠近消费者，因此互联网给消费品行业及与之密切相关的零售业带来的挑战是其他任何行业无法比拟的。可以说，互联网首先引起的是消费品行业的

变革。事实上，消费品行业的变革最明显，正处于由深入向引领过渡的阶段，主要表现在以生产者为核心的生产组织模式从大规模集中生产转向按需制造、个性化生产、柔性化生产。为更好地适应这种变革，在产业链传导机制的作用下，中游装备制造行业柔性、可重构的生产体系应运而生，互联网对装备制造行业的影响作用初现，涉及互联网的主要应用包括虚拟制造、柔性生产、运维服务以及智能制造等。位于上游的原材料行业受互联网的影响滞后于上、中游行业，目前仅在生产线能源管控、节能减排监测等局部领域探索应用，真正的变革性影响尚未发生。

——《互联网如何推动工业融合创新》摘录

我们需要在制约产业发展的重点领域和重点技术方面实现突破，提升自主发展能力；推动新一代信息技术的集成应用，实现产品及其制造智能化、生产组织方式定制化和服务化；积极宣传两化融合的相关理论、方法、标准和案例，营造推动两化融合的良好氛围；围绕信息消费、战略性新兴产业等国家战略和重大工程的实施，以实现钢铁、石化、冶金、汽车等重点行业的智能产品和成套智能装备的自主可控为突破点，促进工业转型升级。

——《"工业4.0"时代到来，我们应该怎么办》摘录

第九章 智能制造，重构未来工业新模式

1. 道无尽，术无穷

工业的发展是目标和生产模式共同作用的结果。"道"是工业模式的发展方向，而"术"则是追求正确方向所采用的方式和方法。工业模式不断演变创新，走在工业之路上的人们也从未停止过脚步。

"智能"已经成为工业发展的全新方向，智能车间、智能工厂、智能制造被称作智能工业发展的三大层级，如金字塔般逐层递进。这其中，前两个层级处在"术"的阶段，而达到"道"的阶段的只有智能制造。方法战略总是层出不穷，相应地，工业发展能够达到的高度自然可以无限上升，倘若工业发展的层次定格在了一定的高度，即使我们有多样化的战略去实施，也无法产生真正的质变。因此，有价值的工业发展应当是"道无尽，术无穷"的。

智能车间：工业游击战

智能车间的核心任务是提高产品生产的整体水平，因此对生产管理、产品质量、交付能力、检验能力、安全生产车间信息物流、车间管理等多个方面有所涉及。在智能车间系统中，数控自助设备会通过网络和软件管理系统达到一种互联互通的状态，这其中涵盖了生产、检测、运输、机器人等诸多设备。在这种状态下，企业经营活动中的所有信息能够实现交叉感知，数据的共享为决策分析和组织管理提供了依据。这样，自动进行

决策、精确执行命令，并且自发组织生产的精益车间就形成了。

工业机器人是智能车间的主力，回顾工业机器人的发展历程，我们就能够了解智能技术的前世今生。

机器人面世的时间可以追溯到1958年，那时候，发明者还没有意识到机器人的概念和作用，因为当时它只是一个可编程操作的装置。美国人乔治·德沃尔申请了世界上有关工业机器人的第一项专利，这引起了约瑟夫·英格伯格的兴趣，于是两人联手利用这项装置制作了世界上第一台工业机器人"Robot"，中文译为"机器人"。

1970年以来，随着科技的发展，工业机器人也在不断"进化"，其发展进入了新阶段——具备了一定的感知能力和自适应能力，并且能够实现离线编程，更智能化。这种机器人能够智能识别作业对象，从而根据实际情况选择相应的作业内容。在这一阶段，出现了工业机器人的"四大家族"，分别是库卡、发那科（FANUC）、安川和ABB。1974—1979年，上述4家公司完成了全球机器人专利的布局，而这个阶段的机器人也被称为"知觉判断机器人"。

到了1985年，知觉判断机器人开始出现了一些多样化的传感器系统。这些传感器接收到的信息能够实现一定程度上的融合，机器人适应环境的能力有所提高。与此同时，机器人的学习功能以及自治功能也得到了发展。进入21世纪，以美国为首的发达国家涉足军用智能机器人研究领域，美国申请了世界上第一项军用智能机器人"机械狗"的专利。如今，以机器人取代传统人力的工业模式迅速流行,一些智能车间也逐渐成为国际潮流。

不可否认,在这个科技迅猛发展的时代,机器人战略对制造业来说是一个巨大的转型机遇。中国工业无法拒绝智能车间的发展,但是这条路并不好走。为了紧随科技发展的步伐,增强中国工业的发展实力,我国很多工业工厂迈出了建造智能车间的步伐。

中国被誉为"世界工厂",中国产品能够畅销全球的主要原因是物美价廉,这种优势的根源就是低廉的人工成本。但是,随着人民生活水平的提高,工人的薪资持续上涨,生产过程中的人工成本大幅上升,而一些低成本、低盈利的日常用品却无法大幅度涨价。机器人的成本虽然昂贵,但这项成本毕竟是一次性支出,可以取代重复的人工劳动,从长远来看还是比较划算的,这也是很多企业不得不走的一条路。

如今,国民教育水平普遍提高,社会老龄化严重,从事繁重体力工作的劳动者越来越少,而且社会竞争的激烈程度不断增强,因此,掌握了智能化,就是夺取了市场先机。

机器人昂贵的价格以及机器人产业的快速发展,让很多企业望而却步。然而,随着科技的进步,机器人的成本逐渐降低,为很多工业企业带来了智能化发展的希望。智能化生产线在短时间内迅速席卷工业领域,规模化的生产效应降低了工业生产的总成本,整个工业朝着一个良性的方向发展。

智能车间的普及成为全球工业发展的大趋势,它在帮助我们提高生产效率的同时解放了人力。各国政府支持智能车间的发展，并给予政策与资金支持，但是企业发展终究还是要靠自身。各个企业的智能车间发展需要在既有的市场环境下角逐，这是一场优胜劣汰、只看重结果的比赛。

智能工厂：一场大战役

如果说智能车间的发展是场"游击战"，那么智能工厂就要比智能车间高一个层次，我们可以把它称为"一场工业上的大战役"。智能车间是单兵作战，而智能工厂在规模上就相当于部队的协同作战，就像军队中的不同兵种，在作战时需要准确配合，才能形成威震全球的打击能力。

智能工厂的核心任务是提高工厂的整体运营管理水平，致力于产品本身以及行业全生命周期的研究，在自动化和信息化的基础上，达到对整条供应链的精益管理，包含工厂、供应商以及客户群。其服务范围从原本的满足需求到创造需求，直至引领需求，管理和产品研发的水平也得到相应的提升。智能工厂还在企业内外部物流管理、售后服务以及能源有效合理利用方面具有巨大的优势。

智能工厂建立在数字化工厂的基础上，利用物联网和监控技术进行信息管理和服务，进而提高了生产过程的可控性。在智能工厂的背景下，人工干预减少了，计划进程也清晰明了了。智能技术不断创新，众多新兴技术构建出了高效、环保、节能、舒适、绿色的人性化工厂。

智能工厂包含智能化的基因,在这里,人、机器以及工厂运作所需要的资源能够形成一种自然沟通的网络,在制作产品的过程中,犹如为产品注入了主观思想,使之生而便知自身的用处以及使用方法。这些智能化基因可被表示为三元战略和六维智能。三元战略如图9-1所示。

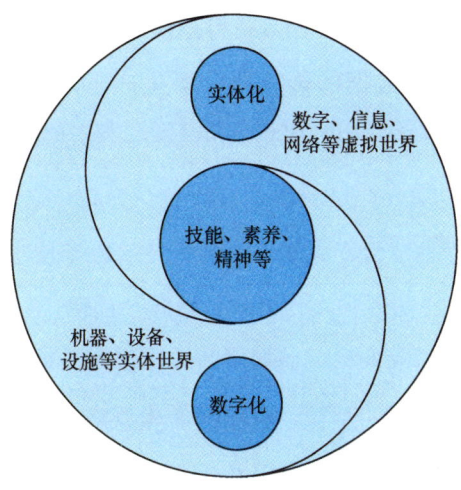

图9-1 三元战略

六维智能如图9-2所示。

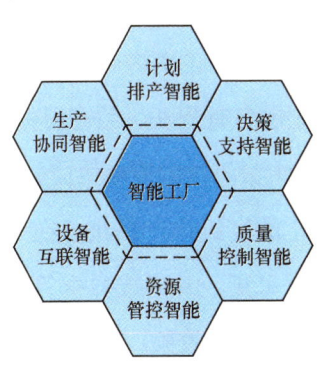

图9-2 六维智能

智能工厂的架构由"信息物理系统""横向、纵向和端到端三大集成"以及"数据处理方面的大数据分析"3个部分组成。

首先，信息物理系统（CPS）有计算、精确控制、通信、远程协调和自治5项功能，能够将虚拟的网络世界在现实世界中完美地展现出来。一些具备自律操作功能的智能生产系统，就是由可以传送数据的传感器分析生产出来的。

其次，智能工厂的发展方向包括3个"集成"，分别是横向、纵向和端到端集成，这就形成了一个全方位的智能网络系统，使传感器、智能控制、通信设施以及终端系统通过CPS构成了一个闭合回路，实现了人、机器、服务的互联。

最后，CPS的发展形成了高效发达的连接网络，大数据分析推进了两化融合的进程。数据的产生总是源源不断的，生产装备、网络中断、感知设备以及生产者自身都会产生数据，这些数据助力智能工厂的发展与完善，并渗透到企业生产经营活动的各个环节。

现阶段，推行智能工厂的国内企业不在少数，对于智能工厂的运作，各家企业也各有想法。兰光科技打出了"引领智能工厂"的口号，利用大数据控制设备构成分布式数控互联网络，其技术核心是图形化的高级排产系统，在工厂的运作过程中，机床会自动进行数据采集，并形成数据管理闭环，达到程序、物料、切割刀具协同作用的效果。元工国际建立了多种智能制造系统平台，例如，供应链管理（SCM）系统、制造执行系统

（MES），其中，MES负责精益生产、数字化工厂、智慧工厂的制造运转，SCM是精益供应链支持平台。北京乐金系统集成（LG CNS）有限公司的智能工厂致力于面对面为客户解决问题，利用大数据制订端到端（End-to-End）的整合服务。云讯通在智能工厂的运作过程中，精于流程优化、产品追溯、效能分析、智能报表、设备集成以及关键绩效指标（Key Performance Indicator，KPI）考核，为制造业的智能化和自动化发展提供整体解决方案。

美的空调：自动化+精品工程的全智能工厂

美的集团是一家国内领先的家电企业集团，拥有中国最完整的小家电产品群和厨房家电产品群，在全球设有60多个海外分支机构，产品远销200多个国家和地区。2017年1月，美的集团成功收购了德国机器人公司——库卡集团；3月，美的集团与以色列高科技企业——高创达成战略合作协议。随着这一系列机器人及工业自动化相关产业整合，美的集团已从家电企业成功转型为科技集团。

2016年上半年，一条由博众精工为美的集团量身定制的、国内最先进的自动化生产线在美的空调南沙工厂正式投入使用，标志着美的集团全国首个智能工厂正式落成。

美的空调南沙工厂占地8万多平方米，在两条全智能生产线（室内机+室外机）上，近200台工业机器人正有条不紊地进行组装，粗到部件运输、封装外箱，细到拧紧螺丝钉、安装冷凝器，能使用机器人操作的绝不用人工操作。此前，美的空调南沙工厂最多同时容纳了3000多名工人，随着全智能化改造，目前该工厂仅有700多名员工，家用空调内机和外机的生产自动化率分别达到64%和65%。

在这个8万平方米的厂区中布有约5000个传感器，负责监控全厂325个流程的生产状况。在工厂监控中心的大屏幕上可以看到全厂的生产数据，例如出货数、及格率、返修率等详细的数据。其中，3D模拟的厂区俯视图可显示所有生产线上的工作情况，每个环节都是绿色闪烁，如果突然变成红色，值班人员会立刻通过麦克风通知。美的空调南沙工厂可实现C2M（用户直连制造）的个性化定制，9天完成从订单到交货全过程，客户可以通过智能手机或者iPad实时跟踪订单情况。

美的空调的智能工厂使生产效率大幅度提高，产品质量更加稳定，也使人力资源也发生了相应的变化，不仅缓解了招工难以及流动性大的问题，而且人力资源结构也在不断优化，员工培养往技术应用方向倾斜，工厂正从劳动密集向技术密集转化。

智能制造：不战而屈人之兵

智能制造的核心任务是提升国家的竞争实力，与此同时，制造业的关注点开始转向全球范围内的农业、服务业。智能制造不仅仅是技术上更加智能，还体现在工业发展的智慧方面。在智能工厂的推动下，智能化服务、大数据控制推进了企业管理思想文化的发展，从而为制造业的发展提供了保障。

在工业发展过程中，我们走过不少弯路。我们曾经为了提高产量开展重复性劳动，结果造成了产能过剩。而生产技术的落后，又使我们不得不从国外引进先进的工业生产技术。但这些被动的局面已经过去了，在智能制造的发展背景下，这些情况将不复存在。

中国是制造大国，联合国对社会范围内的工业产业做过系统的分类，而中国是唯一一个拥有全部工业门类的国家，拥有工业小类525个，中类191个，大类39个，形成了行业齐全的工业体系。但是，我们非常清楚，再强大的工业体系如果只是知道"按部就班"地进行生产活动，那么就不会获得真正意义上的提升。我国的工业体系需要一股"活水"赋予它灵魂和智慧，这股"活水"就是智能制造。

我们把德国提出的"工业4.0"称为第四次工业革命，全球在如火如荼地开展工业化的创新和发展。但是，"工业4.0"是德国按照自己的国情为自己量身定制的工业发展战略。德国领土面积小，人口少，一种创新模式就可以带动国家工业走向优质发展。但是中国呢？我们有成千上万个综合集团公司，就算有十几种创新模式，也难以带动整个社会的工业发展。中国与西方各国的国情存在本质区别，我们可以借鉴他国的经验，但同时必须自己探索，因为只有形成一种合适的工业发展模式,才能够取得真正的发展。因此,中国需要结合自身的具体情况和特点,制定属于自己的智能制造战略。

以钢铁行业为例,在现阶段,我国钢铁工业的发展也遭遇了产能过剩的问题,创新能力严重欠缺,加上环境能源的约束与限制,企业的持续经营面临严峻考验。我国发布《钢铁工业调整升级规划(2016-2020年)》,并制定了"2020年完成钢铁行业结构性改革,达到全行业根本性脱困"的目标,发展的重点落实在了化解产能、创新驱动、绿色发展、智能制造、品种质量等方面。我们已开始在钢铁行业实施智能制造,并划定了钢铁行业进行智能制造的试点企业。

中国工程院院士殷瑞钰指出,钢铁行业的智能化绝不是体现在装备上,更不是安装几台机器人就可以了。钢铁行业的智能化应当着眼于整个企业的整体解决方案,同时密切结合 CPS。

在钢铁行业中实现智能制造,首先要促进钢铁制造与信息化、数字化相融合,并着重发展智能制造,然后在全行业推行由智能制造催生的工业发展新模式。

宝山钢铁股份有限公司(简称"宝钢股份")是智能制造试点企业之一,为响应两化融合战略,在建设智能车间的过程中,宝钢股份实施以点带面的放射状工作方针,先后开展了 23 个试点项目,投资金额超 10 亿元。此外,宝钢股份还在钢铁制造的核心车间建设智能工厂,2017 年,已经全面完成建设的智能工厂极大地提升了车间的产品质量和工作效率，年收益也超过了3200万元。宝钢股份的智能制造工作开展得较为完整，形成了一套适合行业效仿的智能制造流程，其他企业能够以此为基础，建立智能化钢铁轧制示范工厂。

宝钢股份对智能制造的未来有着明确的规划，例如，针对产品的生命周期优化产品质量，提高工作效率，全面融合云计算、大数据、物联网、互联网，提高生产设备的智能化水平，打造工业活动与产品互联的智慧制造体系。

宝钢股份在智能制造中获得的是产品制造的竞争力，然而，宝钢股份未来的发展还要着眼于整条供应链的互联以及多方基地的融合。

同为钢铁智能制造试点企业之一的鞍钢矿业也采用了新一代信息技术，并提出了"智慧矿山"的发展战略。

鞍钢矿业对信息化的应用较为完善，它在满足企业内部信息需求的基础上，利用企业既有资源，大力发展对外信息服务，例如，数据应用、招投标代理以及闲置硬件资源外租等服务。这种创新为企业带来了新的经济增长模式，也带动了周边行业的信息化发展。

对钢铁工业而言，信息化与工业化的融合应充分利用"互联网+"，打造钢铁工业发展的互联网平台，把钢铁生产供应链上的所有生产商、供应商、科研机构、运输物流以及目标用户都连接起来，实现共同经营、降低成本、提高效益的目的。我们支持钢铁行业在互联网的基础上实行个性化发展，满足客户群体的多样化需求，也致力于总结钢铁行业试点企业的经营模式和发展经验，提出钢铁智能制造的合理路线。

现阶段，互联网的发展速度加快，而钢铁行业的发展却仍然挣扎在质量、成本与原料的困境中，再加上客户需求越来越多样化、个性化，钢铁行业面临严峻的挑战。

智能制造的路还很长，这项工作任重道远，政府的支持工作已经体现在培养相关人才和开展相关技术等方面，同时也需要我们放眼未来，脚踏实地走好当下的路。

宝钢股份：未来的智能钢厂

宝钢股份是国内最大、最现代化的钢铁联合企业之一，年产钢能力达3000万吨左右，盈利水平居世界领先地位，产品畅销国内外市场。

宝钢股份致力于将智能制造应用于钢铁生产，建成"智慧制造的城市钢厂"。宝钢股份的"智慧钢厂路线图"是面向钢铁产品全生命周期，以物联网、互联网、云计算、大数据等新技术与宝钢股份全供应链的深度融合应用为基本路径，逐步提升宝钢股份制造装备、全供应链管控、分析决策过程的智能化水平，构建集智能装备、智能工厂、智能互联于一体的智能制造体系。

宝钢股份1580热轧智能车间已成为工业和信息化部智能制造的示范试点。另外，宝钢股份还筛选出了23个试点项目，预计投资超过10亿元。在智能装备层面，宝钢

第九章 智能制造，重构未来工业新模式

股份正在高炉炉前作业、炼钢浇钢、冷轧锌锅捞渣等区域推进机器人应用的实践，目前在役及实施中的机器人总数达149台（套）。一些仓库已经完成了无人化改造，同时正在开展无人化智慧料场的建设。建成后的1580热轧车间在产品质量、劳动效率等指标上都有大幅提升，年经济效益超过3200万元。

在智能工厂层面，宝钢股份的财务领域已经完成全流程精细化成本盈利分析系统的建设；在出厂物流上组织实施车辆的智能调度和管控，以提升运输效率；设备领域正在开展关键设备在线监测与诊断平台的建设，以实现设备状态的预测、预警。在智能互联层面，致力于实现虚拟服务网络与实体服务网络的融合，从而推动供应链的深度协同。

宝钢股份计划到2021年年末机器人应用实现置换人工超过2000人，机器人应用总量超过1000套，建设、改造一批智能化产线，完成基于互联网、满足用户个性化需求的快速响应、柔性的研发、营销、制造、物流体系构建。宝钢股份在钢铁行业领先一代的新优势将通过"互联网+"和智能制造得以实现。

智能制造，智慧企业

价值链是一条集成物料与人工价值的脉络，始于原材料供

应商，终于购买产品的客户。任何一家企业都是由价值链的多个环节共同构成的，所有环节的运作均需要其他环节的配合。而价值链的每个环节都要依靠信息、运输、资金流来运作，因此，企业通过两化融合，将三者整合起来就能更快地实现价值链的有效协同。

在全球经济危机之热未完全退却、国内工业成本过高的背景下，价值链协同的优势不容小觑。而"工业4.0"及"互联网2.0"的到来，又为价值链协同提供了绝佳机会：一是众多拥有先进信息技术的互联网企业，在帮助其他企业优化价值链的同时，自己也会有所发展；二是大量工业企业在创新之际，也寻找到了新的价值增长点。

目前，企业前向协同的主要表现就是在线销售，它帮助企业节约了大量的人力、物力、财力，拉近了企业与客户之间的关系。与之类似的，还有售后服务的信息化。售后服务信息化首先带来的是客户体验的提升。当客户了解产品的过程变得简单明了时，他们的满意度自然会提升。最重要的是，售后服务信息化使企业能够更快地知道客户真正需要的是什么、对产品还有哪些建议等，并且更方便收集客户的个人信息，从而实行有针对性的销售行动。

此外，企业还可以将客户的分布区域规划发给销售部门，由销售部门根据实际情况，将产品分门别类地销售出去。同理，制造、采购、研发、战略、财务以及人力资源部门等，也都可以根据企业提供的客户信息来部署自己的工作。

在采购过程中,电子化的采购目录可以避免出现重复采购或遗漏采购的情形,而电子化的供应商资料和随时更新的市场价格信息,也便于企业及时调整预算,做出最佳选择。

以前,查看样货也是极度烦琐的事情。实现全面信息化以后,企业查看样货所用的时间缩短了很多,各种电子单据的应用也有效降低了成本,库管信息系统的记录存档、运输过程中的有效跟踪,也为企业提供了不少便利。

在智能制造车间,每一个工位需要的材料都会按时到位,而加工好的半成品又会被及时传往下一个部门继续加工,这就需要各个部门之间的有效配合。而信息技术的介入使这一流程变得再简单不过。一方面,强大的工业化系统巩固了各个车间的工作,使信息录入系统更加细化;另一方面,高度的信息化优化了产业过程,使生产流程变得更加快捷、高效。

两化融合是促进企业发展的重要策略,在经济高速发展的今天,企业只有及时掌握市场信息,并将生产过程与之融合,才能少走弯路,获得更快的提升。

2. 越雷池,创新高

历史上,只要涉及变革、撼动传统的话题,就会受到固守派的顽固"抵抗",他们把"传统"奉为不可逾越的"雷池",容不得他人侵犯。但只有代表前进力量的人们敢于凭借微薄的力量与之抗争,并致力于颠覆传统,才能迎接新生。在互联网和工业生产技术迅速发展的今天,传统的工业模式已经不能满足社会发展的需求了,智能制造的出现将在工业领域创造一个完全不同的发展模式。

柔性制造

"互联网+供应链管理"为企业的经营活动带来了变革,企业的生产模式不断创新,趋于个性化,柔性化的产品生产逐步深入制造业,信息数控技术更是让生产活动看到了"零库存"的可能。

柔性制造系统(Flexible Manufacturing System,FMS)是一个集信息控制、物料储运、数字控制加工于一体的协同机械制造系统,它能够智能识别加工对象,然后借助自动化手段进行工业作业。也正是因为该系统能够智能识别加工对象,并做到自动调整,实现同范围内成批高效生产,所以它才具有一定的"柔性"。

柔性化生产在高端装备制造领域取得了显著的成效。汽轮机一直是高端装备制造中的翘楚,杭州汽轮机股份公司已经搭上了智能制造的快车,开展了柔性化制造生产。如今的杭州汽轮机股份公司建立了一套"互联网+供应链"的管理体系,使生产信息管理、供应商信息管理以及物料采购管理实现了互联互通,从而极大地提升了前后端的管理效率。之前需要四五天才能完成的生产工作,如今只需几分钟就能完成,其效率不可同日而语。

汽轮机装备制造业的特色是订单式生产。而目标客户群的个性化需求不断增强，为了跟进产量、提高生产效率，企业能否通过实现撬装化快装，把复杂的生产过程变成一种"搭积木"般简单的作业，从而降低人力、物力成本？杭州汽轮机股份有限公司采用柔性生产，发展撬装化快装项目，使生产速度和生产效率大幅度提升，这不但提高了行业竞争力，订单量也源源不断。

企业在经营活动中无时无刻不在思考控本增效的问题，当下是经济新常态的关键时期，装备制造业面临的机遇与挑战并存。为响应两化融合战略，杭州汽轮机股份有限公司积极进行了智能制造改造活动。完成智能制造改造之后，汽轮机的生产过程全部实现数字化，这将提高全生产流程中各个环节的管理精准效率。

不只是杭州汽轮机股份有限公司，杭州的整个制造业都开始了智能化改造，并取得了非常可观的业绩。2015年年底，杭州工业劳动生产率达到25.91万元／人，比2014年提升了9.0%，而利润增速和工业增速也都超过了产值增速。杭州制造业响应国家智能制造的号召，把时尚产业、高端装备制造业、生物医药和高性能医疗器械、新一代信息技术、汽车与新能源汽车作为本阶段的重点发展目标，并制订了2020年至2025年分步走的发展目标。

柔性化制造存在加工制造和部分生产管理的功能，它所带来的生产效益是综合的。柔性化制造的工业适用范围仍在不断扩大，不只是简单的切削加工，还有机械加工和质量检测。当然，柔性化制造并不是重工业的专属，轻工业的生产活动同样可以应用。

浙江东方百富袜业（简称"百富袜业"）作为一家轻工业企业，也走上了智能制造的工业优化之路，并且颠覆了传统制造的概念。在百富袜业的展示厅里，摆放着形形色色的袜子，一双看起来普普通通的运动袜甚至能够卖到300元。获得如此利润的秘诀，除了百富袜业懂得细分市场，为每一项运动都定制出相应的袜子之外，最重要的还是信息化技术的应用。

在进行智能化制造、推行柔性化制造之前，百富袜业采用的是传统的生产模式，在这种模式之下，生产销售的数量和时间都是没有确定性的变量，原料的采购和物料的管理存在严重的低效和浪费现象，这不仅导致企业无法准确地把握市场环境变化，还增加了整体的生产和销售成本。这些都是袜业企业低价批量生产中的典型情况。而百富袜业通过对生产销售环节进行互联网改造，实现了整个生产供应链的互通互联，提高了管理效率，减轻了库存压力，也扩大了利润空间。

走上智能制造的百富袜业，其产品价值迅速上升，自主研发的羊毛滑雪运动袜单价能够达到100～300元，完全可以与国外知名品牌袜子的40美元单价相比。此外，百富袜业还推出了个性化定制项目，无论是大批量还是小批量产品都可以定制，交货时间为1～2周。

虽然汽轮机与袜子产业"轻重"有别，但从工业生产经营管理来看，二者的智能化又殊途同归。柔性化制造能够实现实时作业监控，减少库存，降低资金占用率，缩短生产周期，减少劳动力使用率，并实现全天候"无人化生产"，是控本增效的典型。

VR的畅想

2016年4月1日，淘宝推出全新购物产品Buy+，该产品采用了虚拟现实（VR）技术，此技术通过计算机图形系统以及传感器与人体相联系产生交互的三维购物场景。VR技术打破了时空的界限，最大限度地颠覆了消费体验。不管消费者身在何处，只要戴上VR眼镜，就能够随意"参观"世界任何一个角落的淘宝网店，享受身临其境的购买体验。

在之前的网购活动中，由于没有实际的体验感受，所以消费者往往无法对产品产生合理的期望值，有了VR技术之后，这个问题就迎刃而解了。例如，消费者需要买一件家具，但是不知道家具的尺寸与自己预留的空间尺寸是否匹配，戴上VR眼镜之后，消费者就可以将家具"真实"地摆放在预留空间中，还能将家具的颜色、款式与房间进行比对，确认是否合适。

Buy+借助格栅编码调制（Trellis Coded Modulation，TCM）三维动画让体验者感受视、听、触、力、运动等，甚至还可以传达味觉和嗅觉。计算机会先通过消费者做出的基于触觉或视觉的购买动作做出相应的数据分析，然后向虚拟环境发送指令，最终反馈给消费者的五官，从而形成一种现实与虚拟的交互。也就是说,现实中的人可以与虚拟世界中的人或物产生交流,同时也能把现实生活中的事物虚拟化。一旦戴上 VR 眼镜,你在 Buy+ 中看到的衣服或书本,就可以变成其他的东西,例如,一把椅子或是一套茶具。这使购物活动更加方便,购物体验更多元。此外,一些 VR 体验馆作为新兴娱乐项目也进入了我们的生活。

VR 技术的应用,绝对是一场前所未有的革命,很多大型企业已经开始实施 VR 技术,并将其应用到生产过程的各个环节中,使企业管理能力提升,数据采集分析更精准,减少了经营活动中的决策失误,并降低了多项风险。VR 技术的发展不仅为技术手段的创新描绘了蓝图,而且给工业设计带来了无穷的创作灵感。这些技术和设计将更符合社会发展的需要,是工业发展的重要趋势,同时也为业界推崇的工业仿真提供了有力的技术支持。

工业仿真并非只是单纯意义上的"视察"与"漫游",它是能够真正指导生产的技术。仿真系统与数据库、用户业务层相连,组建出了 B/S、C/S 架构应用,与企业的企业资源计划系统、管理信息系统(Management Information System,MIS)无缝对接,支持多种主流数据库。

工业仿真的应用范围广泛,它可以被应用于流水车间的机械臂,也能够服务于多人演练的虚拟作业,例如,电力、采矿行业的应急演练、消防演练、多人协同作业、军事模拟、地理信息系统、生物工程、虚拟手术分析、航空航天等。

2016 年 12 月 6 日,世界智能制造大会在南京召开,航天云网展示了其云网智能制造生产线，参观体验者只要戴上VR眼镜，就可以"置身于"生产车间，观察生产流程和状态，了解各种数据和进度。所有生产环节所产生的数据都会同步到航天云网平台，以实现数据的实地跟踪和监控。

在云网中观察到的虚拟工厂，融合了VR、物联网、仿真技术以及实际的工厂环境，呈现出一个虚拟的生产环境。

但是，VR技术的应用仍然存在一些局限性。例如，在淘宝的Buy+中，如果把淘宝的所有商品都在虚拟环境中进行1：1还原，这无疑是一项复杂浩瀚的工作。针对这一问题，阿里巴巴推出了"造物神计划"，实现了商品的3D展示，这虽然暂时解决了问题，但仍存在一些较为棘手的障碍：VR眼镜只有连接计算机才能发挥效用，这就限制了体验者的活动范围。而且，眼镜、鼠标和键盘同时协作并不是一件容易的事情。

此外，体验者无法获得逼真的体验。即使高端技术能够提供一个可以安全移动的空间，但由于成本费用高，所以这也是难以普及的。VR技术只能够追踪人的头部，无法协调身体的其他部位，因此，现实与虚拟之间的切换和连接仍是一大困扰。虽然现在很多人在研究VR技术，但是VR技术没有一个统一的标准。人们注视镜头的时候，动作、状态、距离等因素都会影响舒适感，画面的切换、移动速度的变化可能会给体验者带来头晕、恶心等身体不适的状况，虽然一些可以缓解不适症状的技术已经出现，但是其真正的效用还有待考证。

VR 技术尚处在初级发展阶段，但是它终将成为连接虚拟与现实的一座桥梁，是人类与计算机进行交互的一种转型趋势。这是智能的工业，是智能化的社会。

3. 赴蟾宫,折月桂

人工智能是新一轮工业革命的重要标志，也是两化融合进程的重点推进活动。它作为计算机科学的一个分支，用来研究和开发人的智能，所用的方法和手段是扩展、模仿和延伸，呈现形式则是一些与人类智能相类似的智能机器。

自人工智能诞生以来，其技术和理论也在不断成熟，所涉足的领域也在不断扩大，而由智能机器生产出来的智能产品势必也会成为未来人类智慧的"容器"。

智能机器所体现的人工智能技术是对人类思维和意识的信息过程模拟，这并不等同于人的智慧，但却赋予了机器可以像人类那样思考的能力，它们的智能甚至可以超越人类的智慧。这里关系到了一个备受争议的问题——智能科技与人类安全的矛盾。老子云："有无相生。"世界万物皆存在两面性，把不利化为有利，将是我们追寻科技的制高点。

"独角兽"的后起之秀

"人工智能"一词出现于 20 世纪 50 年代，此后，众多研究者就开始了相关理论和原理的研究。人工智能是指通过机器人将人类智能在研究分析的基础上进行延伸和扩展的理论、方法和技术，是一门新的技术科学。人工智能是计算机技术的分支，是一种模仿人类智能的智能机器，除了我们熟知的机器人之外，还包括语音识别、图像识别、视网膜识别、专家系统、自动程序设计指纹识别、遗传编程以及自然语言处理等。其自诞生以来，应用领域不断扩大。

人工智能模拟人的思维存在两种方式：一种是结构上的，即仿照人脑的结构，制造出类似的机器；另一种是功能上的，这种模拟方式不会注重人脑的结构形式，而是专注于模拟人脑功能，这也是电子计算机的原理。

"人工"是指人力创造人工智能的能力，"智能"则是对人类思维、意识、信息过程的模拟。美国麻省理工学院的温斯顿教授指出："人工智能就是研究如何使计算机去做过去只有人才能做的智能工作。"这种说法简单易懂，也道出了人工智能的基本内容。

人工智能的发展历程大致可以分为计算智能、感知智能、认知智能3个阶段：计算智能主要被应用于数据整合、处理及应用层面，这个时代已经过去了，如今的人工智能正处于感知智能阶段，并时刻准备向认知智能迈进；感知智能已经能够通过物体的行为、特征做出相应的识别和感知；到了认知智能的阶段，我们就要考虑大范围的智能应用，一些航天应用、无人驾驶汽车将得以普及，在法律、制造、金融、医疗等领域，人工智能的商业价值也会获得极大的提升。

如今，人工智能已经不只处在与人下围棋的层面，可穿戴的人工智能设备、无人驾驶汽车以及在线智能翻译设备正在走进公众的生活。中国工程院院士邬贺铨表示，未来，每一个应用和服务都会包含一项人工智能技术。互联网的发展创造出了一些"独角兽"项目，未来技术的创新就落实在了人工智能领域。

智能领域的"生态链"

随着人工智能研究的不断深入，其对社会各个领域都造成了一定程度的影响。在自然科学方面，人工智能对计算机的数据应用功能大有裨益；而在经济领域，人工智能配合大数据的发展，为各行各业提供了宏观效益。其作用在生产和工程中，也在很大程度上解放了劳动力。但与此同时，人工智能也衍生出了劳动就业难题，社会结构也因此不断变化。总之，人工智能为社会带来了新的发展模式。

目前来看，能够访问智能助手的渠道多数是智能手机和平板电脑，一些智能穿戴设备和智能家电的普及也加快了智能化发展的步伐。人工智能涉及的领域开始迅速扩张，并呈现出了"生态链"般的智能化网络，在工业化和信息化融合的应用中愈发举足轻重。

2017年5月17日，在安徽合肥，以"创新发展新理念'一带一路'新机遇"为主题的第十届中国中部投资贸易博览会（简称"中博会")开幕。中博会汇集了众多智能化产品,其中科大讯飞展区吸引了众多目光。科大讯飞推出了一款"听见会议系统",这是全球首款中文语音转写和多语种翻译系统,衍生的智能化产品被称为"晓译翻译机"。该翻译机可以实时把语音转换成文字,能够实现汉语、英语、维吾尔语、藏语的互译。

晓译翻译机只是科大讯飞的智能化产品之一,在智能化的研究中,科大讯飞并没有局限于智能产品的制造,而是看准了智能制造的"生态系统",并且打造出了智能制造平台,以"讯飞开放平台"的形式,推出了一项智能制造联盟的开发服务业务。

此外,讯飞开放平台上也会实时发布一些动态消息,消息内容主要围绕人工智能领域,包括游戏、GPU、人工智能技术发展、语音助手、AI公开课等,并伴有平台社区热门活动,以提高平台的互动性和活跃性,利用全员参与的形式为平台升温。

如今,人工智能的发展已经不再局限于某个领域,而是以生产链条的形式向多个领域扩散,与工业化的扩散路径相似,都在整合资源的基础上,实现了综合集成效益,使智能化在悄无声息中逐渐融入了工业化与信息化发展的各大领域当中,同时也有力地推动了两化融合的发展进程。

第十章　跨界融合,提升产业核心竞争力

在两化融合的背景下,新能源、信息网络、智能制造的出现掀起了又一轮技术创新热潮,传统商业模式已无法继续支撑企业的发展。

德国"工业4.0"迅速席卷全球,制造业的互联网化成为大趋势,生产方式也在逐步变革。工业化与信息化的融合催生出了诸多创新模式和发展方向,然而,同产业、同行业间的融合与变革已经无法满足制造业创新的发展需要,随着工业物联网的兴起,行业跨界融合成为两化融合发展的大趋势。

不同行业存在独特的业务范围和生产模式,跨界融合将形成不同产业的交流和碰撞。在两化融合中,工业化是支撑,且正在面临由传统制造向智能制造的战略转型。信息化促发展,不同行业和处于行业不同发展阶段的企业都需要信息化的引领,高端要实现信息化的世界引领,低端要通过信息化提升生产效率。二者在不同行业中各有侧重,只有实现行业跨界,求实效、讲实际、抓实干,通过行业融合实现相互促进,才能有力发挥两化融合的创新作用。

第十章 跨界融合,提升产业核心竞争力

我的报告厅
REPORT

"双创"加速了先进制造业的发展步伐,大规模创业、创新实践催生出一批全球性、跨行业的开放式"双创"平台,这不仅实现了各类企业、研究机构、专业人才及风险投资等创新资源的集聚,同时也为开展联合攻关、突破关键共性技术创造了条件。在"双创"过程中,工业技术和信息技术的融合广度与深度得到持续拓展和延伸,一些带有互联网时代显著特征的新型制造模式,例如,云制造、无人工厂、大规模个性化定制等应运而生,开启了制造业智能化进程。

——《深入推进大企业"双创"平台建设》摘录

美国的特斯拉、谷歌都是以互联网为牵引的,而在德国的"工业4.0"中,SAP发挥了重要作用。我国要推动中、小企业制造资源与互联网平台全面对接,实现制造工业在线发布协同和交易,积极发展面向制造环节的分享经济,打破企业界限,共享技术设备和服务。

——在"2016第二十届中国国际软件博览会"上的发言

"双创"推动形成了制造企业与互联网企业跨界融合的新格局。"双创"平台借助互联网之力加速工业技术和信息技术跨行业深度融合,推动制造企业与互联网企业在发展理念、技

术产业、生产体系、业务模式等方面全面融合，形成协调共生的产业发展格局。

——《支持大企业"双创"发展　加大典型经验推广》摘录

跨界融合、跨界发展是新时代的重要命题，信息化与制造业等各行各业融合的转型升级，进一步释放创新活力，提高企业的智能化管理水平和效率，这些将是未来企业在全球化竞争中制胜的法宝。

——在2017年7月"深化制造业与互联网融合发展，激发制造业转型升级新动能"讲座上的发言

1. 由点到线

在自然界，食物链的环环相扣组成了生态系统的雏形。食物链上的每一环都是一个个体，我们把这些个体称作"点"，把它们串起来的食物链称作"线"，等到这条线串起了所有的个体，就会形成一张四通八达的网，进而也就组建起了一个生态系统。

商业领域也是同样的道理，如今的市场竞争异常激烈，各行各业都渐趋饱和，要想在商海中站稳脚跟，就必须推陈出新，拿出有力的竞争优势。当然，只凭借自己的力量，任何企业都难以拥有足够支撑的实力，因此，合作共赢、跨行业联合，实现由点到线的发展，就成为商界新一轮的生存法则。

"食物链"的另类打开方式

对于企业来说，行业跨界体现在产品生产创新、营销渠道变革、服务体验优化等方面。行业之间的跨界融合将衍生出富有生命力的生态营销系统，由点到线的融合是各个行业稳步发展的前提条件。

与传统企业相比，许多互联网企业在运营系统方面涵盖了跨界、融合以及O2O模式。互联网企业与传统企业协同发展，共同推出跨界产品，组建成了多行业、多领域的生态圈。

许多互联网企业的行业跨界融合走的是由点到线的路径，但在融合的过程中，互联网企业（例如，阿里巴巴、小米、百度等）做了一个缓冲，即先实现了点对点，再实现线对线，由此构成了生态营销系统。

"隔行如隔山"，进入一个完全陌生的行业，要想快速站稳脚跟，倘若没有足够的竞争实力，是不可能有所出路的，唯一胜出的办法就是颠覆规矩，不按常理出牌。互联网企业进军传统行业，自然是新手入境，势单力薄。但是，它们却凭借大数据、新技术与"新规矩"实现了后来者居上，一举压倒了本行业的龙头企业。当然，这个"新规矩"是由互联网企业自己提出来的，所谓避开常路，就是自己开路，然后另立新规。众多互联网企业不仅形成了自身独特的生态营销系统，其营销策略还成了传统企业的追捧目标。

"互联网营销"的规则是如何制订出来的呢？这还要取决于互联网企业独特的生产营销环节，从生产制造到最后的销售配送，互联网企业在为整个营销环节铺路，产品被送到用户手中之后，企业的服务依然伴随左右。

新兴互联网企业在为用户带来体验价值的同时，也掀起了一场"互联网思维"的浪潮，推动了传统营销方式的创新革命。互联网环境下的跨界营销已经兴起，行业间的跨界融合也正在按部就班地进行。以前我们讲抓住需求，而后开始创造需求；现在我们开始创建联系，推动分享，把一切资源融合起来，以达到资源利用的最优组合，形成由点到线的串联网络，从而笼络住存有任何需求的用户。这也是一种迅速扩张用户群，提高品牌知名度的方法。

第十章 跨界融合,提升产业核心竞争力

专属"一卡通":为年轻加股劲

如今,行业跨界融合已逐渐成为企业持续发展的新动力,以创新为基础的、发展前景广阔的行业跨界,即将成为整个行业发展的风向标。以广州悦跑信息科技有限公司(简称"悦跑圈")为例,它以为跑步提供服务为主营业务,采用互联网应用,智能记录跑步者的跑步强度和状态,同时建立悦跑朋友圈,进行线上社交活动,组织线下赛事活动,为跑步者提供全方位的服务。

悦跑圈以为用户带来独特的跑步体验为运营宗旨,采用跨界合作为其创新性发展提供了可能性。悦跑圈与招商银行推出联名信用卡,在为用户提供多元服务的同时,也给予了用户专属权益,同时使用户的支付体验更加安全。

2. 由线到面

在行业跨界融合的过程中,由点到线的发展较为常见,它是行业间进行产品创新、模式优化的合作手段,而由线到面则是行业间产业链的融合,是不同行业生产线上的合作。由线到面的行业跨界会很自然地构成一个营销生态系统,并把这种跨界模式发展成为一种常态。一家企业的特有生产线一旦形成,就能够实现多行业、多领域的跨界融合,甚至形成一种跨界网络,构建新的生态系统。

视听享受演绎"坐地日行八万里"

网络直播自2016年兴起,随即就以雨后春笋般的发展态

势席卷全球。随着网络直播的发展,各大直播平台争先抢占市场,网络直播很快从一个普通的手机应用发展成了一个备受追捧的新兴行业。

作为新兴行业,直播行业正在向一个布局齐全、资源丰富、承载力强的产业链上迈进,形成"由点到线,由线到面"的发展态势,并迅速向垂直领域延伸。随着智能手机、流量、无线网络的普及,直播行业的门槛迅速降低,这极大地提高了其规模扩张的速度。很多企业看好直播行业的发展前景,纷纷投资或推出直播业务。2017年3月1日,中国信息通信研究院针对我国网络直播行业景气指数,对直播行业给出了"平稳增长期"的评价。产业链的发展促成了直播行业"由点到线"的发展态势,进驻直播领域的行业种类持续增多,行业跨界合作屡试不爽,"由线到面"方兴未艾。

现阶段,网络直播与其他行业间的跨界融合构建了"直播+"的模式。以直播行业与时尚界的跨界融合为例,在网络直播出现之前,我们如果想观看国际时装周的活动并不是一件容易的事——电视观看缺少互动,而亲赴现场又成本昂贵。于是,拉尔夫劳伦、博柏利等国际知名品牌开始在脸书、推特等直播平台推行"直播+"模式,对时装周进行现场直播,开启即看即买的新商业模式,网友通过直播可以即时购买自己看中的服装。与此同时,国内诸多直播平台也加入其中。此次"直播+时尚"的跨界,对互联网行业、时装品牌以及时装周展产生了有力的影响。时装秀加入直播内容,不仅吸引了众多年轻用户的关注,还通过直播平台顺势被分享到了 QQ、微信，而中国的 QQ、微信用户数量庞大，这是一种无形且成效显著的宣传方式。而即看即买的营销方式更是极大地提升了时装品牌的销量，是整个传统时装行业的创新变革。直播时装周为网络直播注入了时尚潮流的元素，高关注度带来了高活跃度，为直播平台积攒了更多的人气。

"直播+时尚"将促使时装秀直播趋于常态化，这种新科技与新潮流的融合成为两化融合的新宠，它不仅使时装周盛宴在全球范围内广为传播，还迸发出了"直播+"强大的发展潜力。自网络直播行业兴起以来，政府加大监管力度，行业"洗牌"持续加快，这些未能阻止网络直播行业的快速发展。"直播+"也开始涉足电商、教育以及医疗行业，多领域的跨界融合，构成了直播行业的跨界融合网络。

跨界蓝海："互联网+"的魅力

2015 年 3 月 5 日，第十二届全国人民代表大会第三次会议提出"互联网+"的行动计划，作为一种新的经济形态，"互联网+"致力于融合各个经济社会领域，推广研究创新成果，促进实体经济生产力和创新力的发展，构建基于互联网的基础设施和经济形态。"互联网+"协同大数据、云计算、物联网，构建了众多信息与工业相结合的生产经营模式，推动了智能制造的发展，为经济发展提供了创新动力。

[互联网+交通旅游业](#)。二者的融合上升到资源共享的

层面，现代人开始追求简单、舒畅的生活，对于很多物品，人们"使用"它们在大多数情况下超过了"拥有"它们，很多产品有着很高的使用频率，但并非所有人都会拥有，例如，汽车和住房。如果能把这些既有的资源集中起来，供那些有需要的人使用，就可以减少闲置资源的数量，还能为生活带来便利。当下，网约车和实时路况查询发展迅速，"互联网＋交通"降低了汽车的使用数量，缓解了交通拥堵，不仅能提供车辆实时查询，也为人们的方便出行提供了保障。"互联网＋旅游业"主要是抓住了自助游兴起契机，从而配合推出一些出游软件，形成推荐消费，同时提供住宿查询，实现住房资源的共享。

"互联网＋媒体"。互联网与媒体的跨界融合早已屡见不鲜，传统媒体的信息传播方式是自上而下的，而融合互联网之后，信息的发出者与接收者之间产生了互动，甚至会出现双方身份对调的情况。这时候，信息接收人也成了信息传播的媒介，实现了信息互通，拓展了传播渠道。这是一种新型业态，具有个性、亲民、社群、实时等特点，一些官方机构的微博、微信及手机客户端就是典型的体现。

"互联网＋生活服务"。随着B2B、B2C的兴起，O2O的呼声也越来越高，互联网与生活服务的融合，就是为产品服务与用户设置一个中介，使供方与需方实现实时对接。用户通过互联网来预订产品和服务，而企业（例如，洗车公司、家政公司等）节约了固定人员和店面租赁的成本。同时，

O2O还设有独特的在线评论制度，用户的监督和评价推动了企业的自我完善。

"互联网+文化"。文化创意是一种新兴产业，产业内容是在创意的基础上，为公众提供文化、娱乐、艺术等产品。一些存在文化元素的产业，通过与互联网的融合，形成了全民创业及中国文化产业走出国门的发展状态。文化创意的涵盖范围广阔，再通过连接电商平台，一些文化品牌和社群经济将获得无限的发展可能。

"互联网+广告"。传统广告模式看的是"大制作""大平面"，如今，考察广告公司的标准则更多地放在了实时创意上，准确地说，是契合互联网语境的实时创意。我们发现，原本只有几十秒的简单广告宣传，现在变成了微电影；原本普通的平面广告，现在也会被要求做信息图。技术在发展创新的同时，还要结合时下热点，拿出令人称赞的创意，因此，新兴的广告创意公司和拥有互联网广告投放技术的公司将极有机会攻占广告行业的新市场。

"互联网+零售"。随着电子商务的发展，线上销售的营销模式带来了产品生产销售的变革，也推动了物流行业的发展。同时，移动电子商务基于移动互联网的发展，为购物提供了更便利的选择。

"互联网+家居"。这项跨界融合存在于两化融合智能制造的层面，现在提到的"智能"并非是简单的自动化，而是使智能家居终端连接智能手机，通过远程控制，进行个性化的设置，实现物与物之间的互联互通。作为智能家居入口的手机，同时还是智能家居终端的控制中心。

"互联网+"并非意味着颠覆，而是跨界融合，要实现的目标是创造更多的商业价值。"互联网+"已经迈进了各行各业，同多个领域展开了协作融合。"互联网+"是一条"活"的生产线，无论它与哪一个行业融合，都能形成一个具有创新意义的生态系统。凭借互联网的发展势头，行业的跨界融合定会促成新的行业风口，催生出一个跨界融合的新蓝海。

3. 跨界无界

在大多数情况下，行业跨界会发生在一些有关联的行业之间，一些跨界产品问世之后，我们能够联想到它们是哪些行业合作的产物，并接受它们。然而，也有一些跨界产品会令人大吃一惊，这时候我们不得不惊叹行业之间的创新能力，竟然能够把两个毫不相关的领域如此紧密地联系在一起！这自然是各个行业积极发展的成果，在日益激烈的市场竞争中，"只有想不到，没有做不到"永远是激励创新的箴言。

第十一章　企业发展,打造转型升级新动能

在大幅度技术革新和强势化的互联网浪潮之下,传统企业正在面临大变革和大转型,形成了"不转型,即颠覆"的局面。企业转型具有阶段性、系统性及跨越性的特点,涉及企业理念、业务流程、组织构建以及人员能力的一系列变革,简单的"产品升级"已经无法满足企业整个生产经营模式发展的需要。如今的企业转型是一种从供应链到互联网化的整体转型,企业不仅要有转型活动,更要有转型思维。

随着两化融合的不断深入,经济新常态逐步清晰,"工业4.0"、智能制造、云平台掀起了产业链的又一轮革命,大数据将人、信息和机器联系起来,形成了企业转型的"新引擎"。

我的报告厅
REPORT

近几年的水平测度工作对于促进两化融合发挥了积极作用。首先,它通过总结提炼大量企业的先进实践,形成了一套具有中国特色的企业两化融合引导体系,为企业展示了两化融合发展全景图,促进了各层面推进工作的协调一致。其次,水平测度已成为各个主体推进两化深度融合的重要抓手。通过水平测度工作,首次系统、定量地摸清了35个行业、10个省(自治区、直辖市)4000多家企业的两化融合发展水平。行业协会挖掘出了行业两化融合的关键薄弱环节,组织行业内的设备提供商、咨询服务商、信息技术提供商、科研院所等共同攻关,形成行业解决方案和标准规范。工业企业开展了自我对标和持续改进,深入挖掘信息化价值并在薄弱环节加大投入力度。IT服务商将评估规范引入其售前咨询、项目实施、售后价值评估等服务全周期的各个环节,真正为客户创造价值。最后,以水平测度为牵引,发动大量政府支撑单位、行业组织、专家、研究机构、行业领先企业和IT服务商深度参与到水平测度体系建设和试点实践中来,各个单位搭建了较为完善的两化融合工作组织和实施体系。

——在2013年10月"**两化深度融合专项行动计划重点工作推进大会**"上的发言

第十一章 企业发展，打造转型升级新动能

两化融合管理体系标准是结合我国当前发展形势和企业转型升级需求提出的首个管理体系类标准，是在从工业经济向信息经济过渡过程中，对信息经济时代管理规律的积极探索。但是，在相关国家，标准研制与国际标准化、贯标、评定及结果采信、培训、宣贯等工作均缺乏现成的经验、方法、模式可以借鉴。我国工业化和信息化的基础相对薄弱，政府、行业、企业、研究机构等各类主体对开展两化融合管理体系标准建设与推广工作的必要性、紧迫性、艰巨性仍缺乏共识，内生动力不足，存在一些形式主义的现象。

——在 2015 年 9 月"上海市两化融合管理体系贯标启动培训会"上的发言

1. 千里之行，标准为先

"没有度量就无法管理"。自 2009 年起，在工业和信息化部的指导和支持下，工业和信息化部电子科学技术情报研究所探索形成了一套两化融合评估引导体系。2013 年，《工业企业信息化和工业化融合评估规范》作为国家标准发布，该标准能够有力地支持政府和行业全面摸清企业两化融合的发展现状，形成基于数据的精准施策和精准服务新模式。此外，该标准可服务于企业开展两化融合自评估、自诊断、自对标，找准两化融合的发展重点、路径和方向，加速推进转型升级和新型能力培育。依据该标准，中国两化融合服务联盟（已于 2019 年 9 月 22 日更名为"中关村信息技术和实体经济融合发展联盟"）在全国全面推广企业两化融合评估诊断和对标工作，并积累了大量的企业现状数据。

企业战略转型涉及经营方向、生产模式、组织方式以及资源配置等多个环节，企业转型在绝大多数情况下是企业战略的转型。在工业化与信息化融合的过程中，科学技术与互联网的碰撞加快了生产模式创新的步伐，然而，模式的创新与管理的变革需要企业进行全方位的规划和改进，这就催生了战略转型的过程。

两化融合，标准先行

近年来，工业和信息化部持续开展两化融合管理体系列标准制定，组织制定并完成了 9 项两化融合管理体系国家标准立项。在国际标准方面，向国际标准化组织提交了两化融合评估规范国际标准提案，并在相关分技术委员会成立了专项研究组。

此外，工业和信息化部还组织开展了 3 批贯标试点，在 2014 年遴选了 502 家、在 2015 年和 2016 年各遴选了 600 家企业开展国家级贯标试点。广东、江苏、安徽、重庆、青海等省（自治区、直辖市）组织开展了省市级贯标试点工作，还有相当一部分企业自行开展了贯标工作。

工业和信息化部相关司局将贯标工作与行业管理工作进行了结合，钢铁、有色、建材、轻工等行业在"十三五"规划中均明确了两化融合管理体系贯标工作的要求，在工业转型升级、智能制造等试点示范项目遴选中优先支持贯标达标企业，消费品"三品"战略示范试点城市遴选将贯标企业数量作为重要的衡量指标。各地工业和信息化系统的贯标工作力度不断加强，据不完全统计，我国已有 30 个省（自治区、直辖市）出台了近 150 项贯标达标支持政策，广东省、江苏省、山东省、江西省等将贯标工作纳入了省政府重点工作。中央企业也陆续开始积极推动贯标工作，中石化面向全集团近百家分（子）公司开展了两化融合管理体系比武竞赛，中航工业、国家电网公司、中车集团要求所有下属企业全面开展贯标。行业协会将贯标作为提升行业服务的重要抓手，机械、纺织、化学制药等协会每年均围绕贯标组织开展系列宣贯交流、示范评优等活动。

市场服务，联盟引领

近年来，中国两化融合服务联盟围绕贯标工作，以不断深化政府与市场、贯标企业与服务机构、工业和信息化系统与社会各界的交流合作，推动开展了年度全国两化融合大会、全国两化融合深度行、两化融合高端论坛、专题培训等系列活动，并带动社会各界广泛开展了贯标宣贯交流。福建、河南、广东等地通过组建分联盟进一步加强了本地服务。

2014年和2015年，中国两化融合服务联盟通过机构申请、专家遴选、培训考试，分两批培育了230家贯标咨询服务机构，包括德勤、埃森哲等国际咨询公司，以及用友、世纪纵横、方圆标志认证、和利时、浙江中控等各类国内服务企业。为进一步扩大贯标咨询服务队伍，中国两化融合服务联盟支持有条件的服务机构自愿从事贯标咨询服务，并制定了《信息化和工业化融合管理体系贯标咨询服务机构监督与评级管理办法》，加强对服务机构的信息公开和动态评级。

2014年，《信息化和工业化融合管理体系评定管理办法（试行）》明确了管理机制及评定程序，分3批培育了371名评定人员，组织研制了评定服务技术指导规范，推动评定机构签署了《评定服务廉洁自律责任书》。

协同平台，数据驱动

中国两化融合服务联盟致力于搭建在线协同工作平台，支持建立了中国两化融合服务总平台和三大子平台，并为 31 个省（自治区、直辖市）分别建立了分平台，形成了覆盖全国的协同工作体系；围绕企业在线开展两化融合自评估、自诊断、自对标，建立了两化融合评估服务子平台，提供数据在线采集、分析、诊断和评价服务；围绕企业本质贯标，建立了两化融合管理体系工作子平台，提供贯标跟踪、信息公开、在线交流等服务；围绕评定监督和服务，建立了两化融合管理体系评定管理子平台，对评定申请、现场评估审核、合规性审查、专家复核、评定结果公示等进行全流程在线服务。在线协同平台实现了信息可发布、流程可贯通、业务可集成、知识可分享，提高了工作效率，提升了工作的协同性和一致性。

此外，依托两化融合评估服务子平台，基于全国 60 个细分行业、31 个省（自治区、直辖市）、70000 家企业数据，《2015 全国两化融合发展数据地图》绘制形成，剖析了全国两化融合发展现状、发展重点、价值成效、特征模式及发展趋势。2016 年 4 月 9 日，《2015 全国两化融合发展数据地图》发布，100 多家媒体集中报道，北京、山西、内蒙古、福建、山东、广东等一些省（自治区、直辖市）陆续启动了数据地图的建设工作。江苏、宁夏、贵州等省（自治区、直辖市）在周期性开展企业两化融合自评估、自诊断、自对标工作的基础上，建成了省级两化融合发展数据地图，正在探索以数据为驱动的两化融合发展新模式。

企业贯标，全面普及

经过这几年的贯标试点，中国两化融合服务联盟完成了"标准宣贯—服务机构培育—企业贯标—咨询—评定"的完整工作流程的探索，形成了较为体系化的制度规范、工作流程、方法工具、服务平台，初步建立了联盟、评定工作委员会、咨询机构、评定机构和企业等多方参与、合作共赢的贯标生态体系。

各类企业的贯标积极性普遍增强，徐工集团、潍柴集团等企业逐步推动其供应商全面开展贯标，并将通过评定作为供应商遴选的优先条件。九鼎等投资机构将通过评定的企业作为其投资的重点遴选对象。广西壮族自治区政府将制药企业是否贯标作为药品集中采购的重要指标。另外，全国企业管理现代化创新成果审定委员会提出，通过评定的企业不需要推荐单位，可直接自行申报相关成果。

2. 行成于思，始于战略

"到了彻底改变企业思维的时候了，要么转型，要么破产。"这是"转型"研究专家拉里·博西迪与世界著名管理咨询师拉姆·查兰的警告。在这个市场竞争日益激烈的大环境中，企业唯一不变的生存方式就是时刻改变，因而，预见未来并进行适合企业发展的战略转型显得尤为重要。

由表及里

随着两化融合建设的不断深入，格力电器（重庆）有限公司（简称"格力电器"）也开始积极响应，并从2010年起切实贯彻两化融合。

格力电器指出，新兴信息技术正蓬勃发展，传统的商业模式和生产方式也将发生变化。对于企业来说，实施两化融合有一定的层次顺序，这种层次也可以被分解为阶段性的目标：提高企业的自主创新能力；"提高效率，降低成本"；实现可持续、低碳化、绿色化。针对这些目标，格力电器开始推行全方位的战略改革。

首先是完善基础设施建设。格力电器在寻求分体式空调生产和高效节能产品的突破的同时，也致力于企业信息化建设，对软硬件的投入也逐步加强。2013年，格力电器的企业网络已经形成了拥有IBM系列、HP系列核心服务器达40多台，PC达1200多台的规模，而企业网络也已经覆盖了所有的工作岗位、供应商、经销商以及目标客户。

其次是合理设计信息化框架。两化融合的发展离不开政策引导和框架规划，格力电器在进行信息化建设时，把"总体规划、分步实施、自主创新、注重实效"列为指导原则，并成立了计算机中心，主要负责公司网络系统的规划、建设、维护和管理，包括计算机网络系统、电话网络系统以及监控网络系统。

再次是建立集成度高的综合系统。2011年,格力电器以四大系统(BaaN ERP、PDM、MES、商务智能平台)为主脉,其中以 BaaN ERP 为核心,在执行层面上实施 MES,进行物料管理及产品跟踪、生产过程控制管理和品质管控等信息流管理,当然也包括销售端和设计端层面的管理。此后,格力电器数据的透明度和共享性得到了有效提升,各个部门的沟通交流也更畅通,两化融合指数较 2011 年提高了 15%。

最后是建立良好的合作交流机制。格力电器表示,推进企业两化融合的进程,需要致力于自主创新能力的提升,而创新能力离不开"产、学、研"的相关合作,于是格力电器积极与政府、高校以及科研院所开展合作,促进科技成果产业化,扩大地区社会影响力,并成立了企业技术中心,与重庆大学、四川大学和中国农业大学建立了长期友好的"产、学、研"合作关系。

在两化融合的工作进展中,格力电器取得了非常显著的成绩,具体表现为:成品库实现精细化管理;逐步减少和避免发货错误;引进大数据,减少输单员的录入,减少其工作时间;明确库位,指导叉车工存放和发货;强化、完善供应链;实现节能减排;开展自动化项目。

此外,格力电器也形成了设备资源管理系统、设备管控系统、不干胶自动粘贴项目、全自动机械手的特色业务项目。

通过两化融合,格力电器获得了直接的和潜在的效益成果,制造业与互联网促成了经营效益的最大化，也推动了其全方位战略转型的进程。

> ### 格力空调：大数据实现智能制造新标杆
>
> 提到格力，众所周知的是它的空调。目前，格力在国内空调市场的份额已接近50%，是国内实体经济、制造业的代表企业。近年来，格力秉承"一个没有创新的企业是一个没有灵魂的企业"的理念，将大数据融入制造空调的生产过程中，大大提高了生产管理效率。
>
> 格力空调的信息化系统发展分为数据采集和流程管控两个阶段：在数据采集阶段首先实现个人数字助手（Personal Digital Assistant，PDA）点检，实现物料点检信息化，完善采集订单齐套数据；然后通过采集的从订单下达到物料上线生产中间一系列的操作数据，搭建一整套大数据分析平台，实现过程的实时监控和异常预警。
>
> 在使用大数据分析平台之前，格力空调的生产监控、KPI考核需要业务人员每周整理Excel表格，经过复杂的公式计算后将结果交于IT人员进行图形设计，费时耗力、实时性差且无法保障数据的准确性。而在搭建了大数据分析平台后，不仅解决了"数据孤岛"问题，而且业务部门可以通过自助式分析完成常规的报告分析，提高了工作效率。在物流分析、质量控制等企业管理方面，大数据分析平台可以直观、高效地对订单的检选、执行、配送等各个环节进行生产监控，通过数

据分析推进业务优化。

如果说ERP、MES是针对业务层或具体的操作人员，那么大数据分析平台针对的就是决策层以及管理人员，可以帮助他们更好地认识到生产现场正在发生的事情。以前需要花很大精力才能分析的数据，现在借助平台几分钟就可以获得比之前更全面、更准确的信息。此外，格力空调还用实时、客观的数据去代替人工核验流程，实现业务运转的自动化，包括自动排产、自动效率分析、错误数据预警等，这些都有赖于大数据分析平台的建立。

目前，大数据分析平台已经帮助格力解放了40%左右的IT工作量，让IT人员减少了大量的重复工作，使他们能更好地投入到平台的技术支持等更重要的工作中。

综合集成

上海汽车集团股份有限公司乘用车公司（简称"上汽乘用车"）打出了"模式创新"的旗帜，在企业战略转型上推出了"综合集成"的发展战略。其先是建立贯通整车厂业务的信息流，从而实现了产品设计与开发、采购与供应链、生产制造、销售和售后服务各个环节的贯通。

然后上汽乘用车为整个信息集成框架赋予信息化概念，通过统一的企业级全生命周期物料清单（Bill of Material，BOM）管理系统平台，实现了产品设计与制造的集成；通过统一的制造执行系统,实现了企业生产管理与生产控制的集成;通过统一的供应商管理系统平台,实现了产、供、销的集成;通过统一的 ERP 系统,实现了财务与业务的集成。

信息集成作用于产品供应链的物流调度与管理中心,从形成订单到制订生产计划、物料计划,再到生产和销售,它都能顺利地完成各个环节之间的信息集成与交互。生产线的信息化使整车制造的过程在上、中、下游节点上实现了更好的衔接,保证了物流、信息流及资金流的畅通,同时确保了供应链的畅通,提升了生产效率,满足了不同车型以及相同车型更多的个性化需求。

此外,综合集成还促使整车制造的产品数据管理(PDM)实现了预定目标,推进 BOM 系统发力,也促成了制造执行系统(MES)实现柔性化、智能化生产。

少数大型企业通过 MES 的实施及其与企业资源计划(ERP)系统的集成,建立了产销一体化系统,实现了生产过程优化,形成了以销定产、管控衔接的精益生产模式。还有一些企业通过实施生产过程信息化,实现了跟踪物流、优化调度、精细生产、规范流程,形成了信息流、物流、资金流的"三流合一"。例如,宝钢股份实施的以发展数据分析、辅助经营决策、打造外部数据链为目标的信息化建设方案,初步实现了生产过程信息化和企业经营管理系统的集成应用,使生产流程得到了优化、生产能力得到了提高,同时也增强了企业的竞争力。

上汽乘用车两化融合的核心内容是信息化创新,它凭借高效的自主创新能力走过了 30 年,其资本运作、国际化思维、技术创新与人才培养都有着独特的竞争力,如今的上汽乘用车已经成为其他厂商学习的范本。

在两化融合背景下的企业战略转型中,产品品种质量创新和全生命周期服务延伸、企业管控一体、产业链集成、生产性服务业壮大、新一代信息技术产业发展、国民信息化素质提升是6项关键的切入点,需要企业做到协同发展。

上汽乘用车:打造综合集成管理平台

上汽乘用车是上海汽车集团股份有限公司的全资子公司,承担着上汽自主品牌汽车的研发、制造与销售。目前,上汽乘用车已拥有荣威、名爵两大品牌,形成了共六大系列、30多个品种的产品矩阵,涵盖了中高级车、中级车、大众普及型车及跑车等。

上汽乘用车在两化融合的过程中非常强调综合集成。上汽乘用车建立了贯通产品设计与开发、采购与供应链、生产制造、销售和售后服务各个环节的整车厂业务的信息流,并自主开发建立起企业全局的BOM系统,作为维护和产品配置管理平台。上汽乘用车应用BOM系统后,构建了基于零件用法的数据模型,建立面向"开发""生产"和"售后"的具有平铺式、可配置的BOM并可扩展至产品全生命周期,实现BOM数据的全局集中管理;自主设计建立配置管理模块,实现了对产品车型及配置规则的管理,并可进行生产订单的定义、管理

第十一章 企业发展,打造转型升级新动能

及集成的覆盖工程、销售、制造的整车特征管理,可自动生成所有可能的产品配置关系,并在此基础上实现所有整车 BOM 的解析活动。

目前,上汽自主品牌的七大平台、30 多个车型的产品数据和 BOM 已在系统中管理,可支持上海、南京、英国伯明翰三地的同步协同开发和三大生产基地的生产,并涵盖了上汽新能源汽车的协同开发需求。系统自运行以来,已成为推动上汽乘用车贯彻管理理念、规范优化企业流程、提高研发能力的基础平台。尤其是在"上南整合"过程中,全面推动了上汽"5 个统一"理念的落实。这种成功的系统应用模式,已经在向商用车技术中心延伸,并逐渐满足更多的业务要求。随着系统的深化应用,上汽全业务链的核心能力得以全面提升。

此外,上汽乘用车在汽车制造的信息化建设过程中率先提出了集成的支持柔性生产的汽车制造执行系统平台——iFlex,以提升自主品牌汽车的设计和制造水平。在汽车行业中,支持柔性生产的汽车制造执行系统是汽车制造领域的一个关键系统,其业务内容覆盖并贯穿目前整车制造常见的五大制造过程,即冲压件制造过程、车身制造过程、涂装制造过程、动力总成制造过程以及总装制造过程。在老牌的汽车企业中,例如,通用和丰田,整车的制造执行系统不是由一套完整的系统组成的,而是由大大小小多个零散的系统组成

的。之所以形成这种架构,是由于技术的更新在当时没能跟上不断发展的业务需求而产生的一种妥协。但从目前技术和业务的成熟度,以及制造执行系统的未来发展趋势来说,整车厂的制造执行系统将会被最终统一到一个集成的制造执行平台之下。

2016年,上汽乘用车全年的销量突破了32万辆,比2015年上升了89%,并首次实现全年盈利。经过30年的摸爬滚打,无论是信息化的战略转型、国际化思维的灵活运用还是技术创新与人才培养,今天的上汽乘用车已经成为其他厂商学习的范本。

3. 对症下药,殊途同归

加快推进信息化与工业化深度融合,仍要围绕用信息技术改造提升传统产业、新型业态培育和发展壮大生产性服务业3条主线,加强区域、产业、企业和重点项目多层次试点引导,通过典型引路,实现重点突破、整体提升,在协调发展的基础上加快建立和完善现代产业体系。

3条主线的发展过程需要企业转变其发展战略,针对各自的业务性质,推进信息化与工业化的发展,力求达到协同作用的效果,从而推动最终的企业转型。在两化融合的影响下,企业转型更多元化、创新化和先进化。

小家电的信息化建设

当前,全球新一轮科技革命和产业变革正在兴起,以互联网为代表的新一代信息技术的发展日新月异,并加速与各个领域技术深度融合,形成"互联网+"的新趋势、新方向,引发经济社会发展深刻变革,重塑经济社会发展模式。

在两化融合工作的开展过程中,九阳股份有限公司(简称"九阳")高度重视企业的信息化建设与发展,努力把深入推进企业信息化工程作为现阶段提高企业核心竞争力的目标。

九阳在2001年率先引入办公自动化(OA)系统,开始了企业信息化建设之旅;随后引入进销存系统,并进行ERP系统建设,经过两年的平稳运行,九阳的信息管理系统已经全部升级为九阳的运营管理系统。此外,九阳同时展开了新一轮信息化技术的推进工作,将工业化运营的各个业务模块与信息化建设充分融合,全面建设企业卓越绩效运营系统,以ERP系统为基础,通过实施产品生命周期管理(Product Lifecycle Management,PLM)、计算机印刷控制(Computer Print Control,CPC)、客户关系管理(CRM)、供应链管理(SCM)、商务智能(Business Intelligence,BI)等系统,实现信息系统的有效整合和信息化技术的全面应用,搭建了一个准确、高效、科学的信息化管理平台,规范公司的各项业务流程,形成了九阳在市场竞争中的独特优势,大幅提升了企业的运营能力。

通过战略与系统的紧密结合,九阳建立了强大的信息化销售、物流、服务网络，实现了对业务活动的有效监控、信息共享与资源的优化配置，提升了决策支持以及信息交换的能力，强化了企业内部的控制管理，同时为企业的绩效管理和经营决策提供了有力的支持，逐步建立起全面的企业信息管理平台，最终实现销售网、物流网和服务网的有效整合，并在提升三大网络系统整体运营绩效的同时，降低网络的总体运营成本，进而提高企业的绩效，实现卓越管理。

九阳开展信息化与工业化融合工作的多项做法均为国内小家电行业首创，企业信息化管理也达到行业领先水平。现在，九阳已经建立涵盖管理和工业化业务的信息化运行支持体系，全面搭建起企业信息化卓越绩效运营系统。该系统上线 4 个月后，九阳的成品库存周转同比降低 30%，月周转天数比上年度降低 44%，实现了项目预期设置目标；公司年毛利率同比上升 1.75 个百分点，管理费用节省 5%～10%，生产成本降低 3%～5%，每年直接节省物流费用达 1850 万元，库存降低 10%～40%；库存盘点误差不足 4%，缩小装配使用面积达 10%～30%；加班工时减少 10%～50%，生产率提高 7%～15%，交货期准确率为 100%；采购计划有序性达 97%，研发周期缩短 30%，自动的 BOM 生成使错误减少了 50%，非增值类业务协同活动减少了 70%。

两化融合推动了传统企业的战略转型，取得了"控本增效"、拓展销售渠道的效果。战略转型会作用于企业的整条生产链，在生产、销售、管理活动中，信息化的投入会为企业的组织活动和决策结果提供决定性的数据支撑，并全面提升人们的信息化素质，促进组织结构和机制体制的不断创新，为推进与工业化的融合提供有利条件。

九阳：小家电的信息化建设

九阳是一家专注于健康饮食电器的研发、生产和销售的现代化企业，其前身创立于1994年，现有员工4000余人，在济南、杭州、苏州等地建有多个生产、研发基地，产品覆盖我国30多个省（自治区、直辖市），并远销日本、美国、新加坡、印度尼西亚、泰国等20多个国家和地区。

九阳自2000年开始探索信息化办公平台，2007年建立信息化建设规划，2008年运行ERP系统，2009年实现北京、济南、杭州并网运行。通过几年的快速发展，九阳已先后建设了ERP系统、产品追溯系统（Production Traceability System，PTS）、商务智能系统、供应商管理系统、电子采购平台、PLM研发平台、营销平台、客服平台等各种业务系统，完成了公司的生产、采购、研发、营销以及供应链的整合。

借助信息化建设，九阳实现了对业务流程的紧密监控和信息共享，实现了资源优化配置，节约了决策时间，提升了信息消化能力，在强化企业内部掌控管理的同时，更为企业内部决策提供了有力的支持。九阳通过对销售网、物流网、服务网的有效整合，提高了运营绩效，降低了运营成本。目前，九阳的业务处理已经实现了智能化、信息化和自动化。

家电模块化生产和定制服务将是未来家电制造的发展方向，这也对企业提高模块化技术转型提出了要求。九阳通过PLM研发平台协同各个供应商共同研发，提高了对产品生命周期的管理开发。以前的产品两三年换一代，现在九阳完全可以做到研发一代生产一代，并且可以立即实现产品生产和面市。

近些年，"智能"一词几乎已成为家电企业的标配，九阳也开始了转型之路，软硬件一体化，大力布局智能产品。虽然从时间的维度来说，九阳进入智能化的时间并不算早，综合实力强大的大型家电集团率先进行了智能化的布局，但是，由于大家电使用周期较长、整体成本较高，所以想要让用户为了智能化的功能去重新购买新品，难度很大。而像九阳豆浆机、电饭煲、净水器等小家电却并没有上述问题，小家电整体成本相对较低，加之智能化足够吸引人，让用户更换现有产品难度小很多。还有很多用户、家庭目前总会缺少这样或那样的小家电产品，如果用户要买新产品，或者更新换代，智能化的卖点还是很具有吸引力的。2015年9月，九阳联合京东以"智·爱"为主题举办了智能产品发布会，一口气推出了4款智能厨房产品。

九阳计划分3步进行智能化布局：第一阶段是布局智

> 能软件和硬件，也就是目前所处的阶段；第二阶段是生成大数据的沉淀；第三阶段是最核心的，要构建九阳智能的大生态圈。

"徐工"计划，意在融合

制造业是实体经济的主体，是国民经济的支柱，也是"创新驱动、转型升级"的主战场。近年来，我国将信息技术融入重大设备的研制和改造过程中，使生产装备、工程机械等设备的信息化水平得到了显著提升。

徐工集团是以工程机械产业为核心，集产、技、贸、金融和现代物流服务业于一体的大型装备企业集团，是我国工程机械行业的排头兵。近年来，徐工集团紧密围绕战略转型和业务发展需求，大力推进信息化整体提升工程，基本实现了信息化在研发设计、生产制造、采购、销售、服务等环节的全面覆盖、渗透融合和综合集成，使信息化与工业化融合的效益得到了充分体现，显著提升了企业的综合竞争力，为我国装备制造业的两化融合探索出了一条比较成熟的发展道路。

作为我国装备制造业的一员，徐工集团对本行业做出了"有规模、缺能力，有数量、缺巨人，有速度、缺效益，有体系、缺原创，有单机、缺成套，有出口、缺档次"的精准判断，并且认为，企业未来的竞争优势在于自主研发和技术创新、精益制造、现代物流管控、产品延伸服务能力、复合型人才培养、研产供销服综合集成和集团管控一体化等核心能力的建设。因此，徐工集团围绕上述核心能力的建设，开始着手推进两化融合工作。

第一，加快工程机械智能化发展，实现从制造型企业向创造型企业的转型。徐工集团从研发设计和产品信息化两个方面，着力推进工程机械产品从"制造"向"智造"转型，通过构建高效统一的数字化协同设计平台，统一标准、编码、流程、平台和研发工具，实现研发数据的集中管理和共享，降低研发成本，使新产品的上市时间从半年缩短为3个月。另外，徐工集团全面推广具有国际先进水平的产品数字化全生命周期管理模式，通过对产品研发设计、生产制造、售后服务全流程的信息获取、跟踪和反馈，及时改进产品研发设计，提高了产品设计质量，全面支持市场导向、灵活配置、模块设计和快速交付。

第二，提高生产过程管控水平，打造精益制造能力平台。在生产过程中，徐工集团实现了关键数控设备及大型加工中心和研发设计系统的集成，能够实时掌握生产状态，自动监控和记录设备的状况，对车间现场进行网络化监控和可视化管理。生产能力平衡系统、配送系统、看板管理、制造执行系统的全面集成，基本实现了生产过程的自动化管理和控制，增强了生产管理的科学性和灵活性，使生产能力提高了40%，配套率提高了8%，按时交货率提高了12%，库存周转率提高了20%，报废／返工率降低了0.2%，实现了多品种产品的同时排产和混线生产，提高了企业柔性生产制造的水平。

第三，打造现代物流管理平台，构建全球供应能力体系。徐工集团以供应链管理为主线，利用条码、射频识别等新技术，建立了现代物流管理信息平台和立体化仓库。企业的年度及月度计划、批次计划、送货计划，均与供应商、外协单位实现了全面集成，并通过物流管理系统的延伸，实现了与供应商的协同运作。

第四，开拓产品价值链，提供延伸服务，对标世界一流水平，加速企业的服务化进程。徐工集团通过呼叫中心、售后服务和备品备件管理、远程服务、电子商务平台建设等，延长了产品的价值链，逐步实现企业从产品制造向产品增值服务转型。具体活动有呼叫中心建设，统一集团 400/800 客服电话，构建涵盖总部、分公司、经销商、服务网点等多层次的营销服务管理体系；建立高效的网络化售后服务和备品备件管理体系；通过智能化工程机械产品，实现产品的远程实时监控、故障预警、故障诊断、主动服务等功能；通过建立 B2B 和 B2C 两种模式的电子商务平台，整合上、下游关联企业的相关资源，提高个性化服务的能力。

第五，注重宣传、加强培训，着力培养适合两化融合发展需要的新一代产业工人。徐工集团充分利用各种手段，加大两化融合的宣传力度，使新的发展理念深入人心，从而逐步改变徐工人的思维方式，提升徐工人的从业素质。经过多年的努力，徐工集团培养了一批既精通业务又熟悉信息化的复合型人才，许多人先后走上了企业关键部门领导的岗位,成为领导和推动两化融合工作的中坚力量。

第六,推进信息化整体提升工程,实现两化融合向更高水平跃进。 为实现从战略控股型向战略经营型的转变,徐工集团从2008年开始实施信息化整体提升工程,建立集团全价值链管理平台。徐工集团纵向延伸集团对下属企业的管理深度,以整合集团内部各个子分公司的资源,实现集约经营和资源优化配置;横向提高研、产、供、销、服等企业核心业务一体化水平,建立覆盖全价值链的业务运营和支撑体系,提高经营效率和整体运营能力,满足企业在当前市场环境下持续提升生命力和竞争力的要求。

通过对以上核心目标的追求活动,徐工集团进行了大范围的战略转型,作为装备制造业企业,要想跟进两化融合进程,就需要在业务环节中实现信息技术应用的全面覆盖。信息技术应用与企业各项业务的渗透和融合是两化融合的灵魂,综合集成应用是实现两化融合效益突破性提升的关键。

徐工集团:大企业信息化的升级之路

徐工集团成立于1989年3月,始终保持着中国工程机械行业排头兵的地位,是中国工程机械行业规模最大、产品品种最齐全、最具竞争力和影响力的大型企业集团。徐工集团秉承着"创业、创新、创未来"的核心文化,已经摇身一变成为一家高起点、新思维、充满活力的高新技术企业,致力

第十一章 企业发展，打造转型升级新动能

于为各个行业提供智能制造、物联网、咨询实施等智能化整体解决方案。

信息时代，"互联网+工程机械"已然以"闪电侠"的姿态闯入人们的视野，未来，谁具备随需而制、随需而动的能力，谁就将最终抢占市场。徐工集团旗下的徐工信息公司作为智能化整体解决方案的提供商，致力于探索"互联网+工程机械"的新思维、新招数、新价值，助力工程机械行业在重塑产业格局中成功涅槃。2015年10月，一款完全由徐工信息公司打造的徐工道路"路之家"电子商务平台成功上线运行。目前，平台在线注册人数已超过4000人，成为覆盖供应商、主机厂、经销商和终端客户的工程机械电商生态圈。这一平台已打造了新机销售O2O、二手和租赁撮合交易、备件销售B2C三大核心功能，通过打通SAP、DMS、CRM，平台实现了产品（备件）主数据精准管理、经销商库存管理、客户管理、订单管理和财务管理。

同样是利用网络，徐工信息公司还针对物联网技术与应用的产品化，进行创新性的设计、试验与推广，全力支撑传统制造业的转型与升级。目前，徐工信息公司已研发出一款具有实时定位、轨迹跟踪、状态监控、远程控制、异常预警、故障报警、无线OBD接口、工况采集、远程升级等功能，适用于工程机械、环卫设备、电梯设备、机场设备等领域的产品。同时，徐工信息公司借助物联网软件平台的功能支撑，

可以有效监控分布在全球的全部设备，实时获取监控目标的位置、时间、状态、预警、故障等信息，为全球库存资源、服务资源整合和管理提供工具，实现设备与设备、设备与人以及人与人之间的互联互通，实现全球服务的"零距离"。

在国家"两化融合""互联网+"等产业政策的引导下，徐工集团紧紧把握危机中的机会，使物联网技术与应用服务于传统制造业的转型和升级，不断提升产品的智能化，为客户提供可持续的核心竞争力，强化国产品牌在国际上的竞争优势。

信息化与工业化融合大事记（2007—2017）

2007年

3月，《国务院关于加快发展服务业的若干意见》发布。意见提出，要鼓励发展专业化的科技研发、技术推广、工业设计和节能服务业；建设一批工业设计、研发服务中心，不断形成带动能力强、辐射范围广的新增长极；积极承接信息管理、数据处理、财会核算、技术研发、工业设计等国际服务外包业务等。

10月，中国共产党第十七次全国代表大会召开。报告中明确指出，要发展现代产业体系，大力推进信息化与工业化融合，促进工业由大变强，振兴装备制造业，淘汰落后生产能力。

2008年

3月，国家发展和改革委员会、国务院信息化工作办公室等8个部门联合发布《关于强化服务，促进中小企业信息化的意见》。

3月，第十届全国人民代表大会第一次会议批准成立工业和信息化部。

10月，国务院国有资产监督管理委员会召开中央企业信息化工作会议。

11月，在工业和信息化部召开的座谈会上，领导强调要坚持走中国特色新型工业化道路，大力推进信息化与工业化融合，着力改革创新，完善政策措施，加快把我国建设成为信息技术产业强国。

12月，全国工业和信息化工作会议召开。

2009年

2月，国务院常务会议审议通过《电子信息产业调整和振兴规划》。

3月，国家级两化融合试验区工作正式启动。工业和信息化部确定上海市、重庆市、珠三角地区、呼包鄂地区、广州市、南京市、青岛市、唐山暨曹妃甸地区作为首批8个国家级两化融合试验区。

6月，全国钢铁行业两化融合典型经验座谈会召开。

7月，全国消费品工业两化融合典型经验交流会召开。

10月，工业和信息化部《关于推进消费品工业"两化"融合的指导意见》发布。

11月，全国装备工业信息化与工业化融合典型经验座谈会召开。

12月，全国工业和信息化工作会议召开。

2010年

5月，2010年机械工业两化融合推进大会暨推进机械行业物流和供应链信息化论坛召开。

5月，《工业和信息化部关于民用爆炸物品行业技术进步的指导意见》发布。

6月，工业和信息化部召开全国中小企业信息化工作会议。

6月，重点行业两化融合发展水平评估报告完成。

9月，中国石油和化工行业两化融合推进大会举行。

10月，《国务院关于加快培育和发展战略性新兴产业的决定》发布，提出现阶段重点培育和发展节能环保、新一代信息技术、生物、高端装备制造、新能源、新材料、新能源汽车等产业。

12月，全国工业和信息化工作会议召开。

2011年

4月，《关于加快推进信息化与工业化深度融合的若干意见》发布。

4月，第二批国家级两化融合试验区工作启动，包括湖南省长株潭城市群、广西壮族自治区（柳州市、桂林市）、辽宁省沈阳市、安徽省合肥市、陕西省西安—咸阳、甘肃省兰州市、云南省昆明市、河南省郑州市。

4月，全国棉纺织行业两化融合推进会在江苏盐城召开。

9月,中国石油和化工行业两化融合推进大会召开。

9月,工业和信息化部开展"两化融合深度行"活动。

10月,机械行业两化融合推进大会召开。

12月,国务院发布《工业转型升级规划(2011—2015年)》,规划确定了工业转型升级的主要目标,提出了重点行业和领域的发展导向和升级路径。

12月,全国工业和信息化工作会议召开。

2012年

4月,《软件和信息技术服务业"十二五"发展规划》发布。

5月,国务院常务会议研究部署推进信息化发展、保障信息安全工作。会议讨论通过了《国务院关于大力推进信息化发展和切实保障信息安全的若干意见》,确定了实施"宽带中国"工程、推动信息化和工业化深度融合、加快社会领域信息化、推进农业农村信息化、健全安全防护和管理、加快安全能力建设等重点工作。

5月,中央政治局就坚持走中国特色新型工业化道路和推进经济结构战略性调整进行第33次集体学习。

6月,工业和信息化部在国家会议中心举办信息化与工业化融合成果展览会暨高层研讨会。

7月,工业和信息化部部长苗圩在《人民日报》撰文《稳增长 调结构的战略支点》,强调了信息化和工业化融合在我国现代化建设中的战略地位,指出两化融合是中国特色新型工业化道路的重要内容和促进工业由大变强的战略路径。

11月,中国共产党第十八次全国代表大会召开。报告指出要坚持走中国特色新型工业化、信息化、城镇化、农业现代化道路,推动信息化和工业化深度融合、工业化和城镇化良性互动、城镇化和农业现代化相互协调,促进工业化、信息化、城镇化、农业现代化同步发展。

12月,全国工业和信息化工作会议在京召开。工业和信息化部部长苗圩在会上做了题为"全面贯彻落实党的十八大精神,努力开创中国特色新型工业化信息化发展新局面"的工作报告。

2013年

2月,工业和信息化部公布国家级信息化和工业化深度融合示范企业(2012年)名单,确定宝山钢铁股份有限公司等218家企业为国家级两化深度融合示范企业。

5月,2013机械行业两化融合推进大会在广州召开。

7月,《工业和信息化部关于同意通过国家级两化融合试验区验收的意见》发布,同意沈阳市、柳州市和桂林市、西安—咸阳、郑州市、合肥市、昆明市、兰州市、长株潭城市群国家级两化融合试验区通过验收。

9月,工业和信息化部发布《信息化和工业化深度融合专项行动计划(2013—2018年)》。

9月,工业和信息化部印发《信息化发展规划》,促进两化深度融合,加快推动经济结构调整和发展方式转变,拉动有效投资和消费需求。

10月,在"全国两化深度融合专项行动计划重点工作推进大会"上,中国两化融合服务联盟正式成立。

10月,工业和信息化部正式批准浙江省成为全国第一个"信息化与工业化深度融合国家示范区"。

11月,苗圩部长主持召开两化融合管理体系工作领导小组第一次会议,审议通过《信息化和工业化融合管理体系 要求》的基本框架和主要内容。

12月,全国工业和信息化工作会议在京召开。工业和信息化部部长苗圩做了题为"改革创新 融合发展 努力开创新型工业化发展新局面"的工作报告。

2014年

1月,工业和信息化部发布《信息化和工业化融合管理体系 要求》(试行)。

4月,苗圩部长主持召开两化融合管理体系工作领导小组第二次会议,审议通过2014年两化融合管理体系工作方案。

4月,《信息化和工业化融合管理体系 基础和术语》《信息化和工业化融合管理体系 实施指南》国家标准正式立项。

5月,工业和信息化部印发《2014年两化融合管理体系贯标工作方案和贯标试点企业名单的通知》,公布首批502家贯标试点企业,全面启动贯标试点工作。

5月,《工业企业信息化和工业化融合评估规范》(GB/T

23020—2013)正式进入国际标准立项程序。

8月,工业和信息化部公布2014年首批推荐的两化融合管理体系贯标咨询服务机构名单,确定80家首批推荐的两化融合管理体系贯标咨询服务机构。

12月,国家标准化管理委员会正式发布《国家标准委关于下达2014年第二批国家标准制修订计划的通知》,《信息化和工业化融合管理体系 审核指南》国家标准正式立项。

12月,《工业和信息化部办公厅关于在北京市朝阳区等6个地区开展工业电子商务区域试点工作的通知》发布,北京市朝阳区、天津市北辰区、上海市宝山区、河南省安阳市、广东省揭阳市、湖北省孝感市孝南区6个地区成功入选国家级工业电子商务区域试点。

12月,全国工业和信息化工作会在北京召开。工业和信息化部部长苗圩在会上做了题为"推进两化深度融合,促进结构优化升级,实现新常态下工业通信业平稳健康发展"的工作报告。

2015年

1月,工业和信息化部印发《原材料工业两化深度融合推进计划(2015—2018年)》。

3月,《工业和信息化部信息化推进司关于全面开展企业两化融合评估诊断和对标引导工作的通知》发布,在总结江苏、宁夏等12个省(自治区、直辖市)试点工作的基础上,拟在全国全面开展企业两化融合评估诊断和对标引导工作。

4月,两化融合管理体系贯标工作会议暨成果展在北京召开。

7月,《国务院关于积极推进"互联网+"行动的指导意见》(简称"《意见》")出台。《意见》提出了"互联网+协同制造"的行动计划,旨在推动互联网与制造业融合,提升制造业数字化、网络化、智能化水平,加强产业链协作,发展基于互联网的协同制造新模式。《意见》指出,在重点领域推进智能制造、大规模个性化定制、网络化协同制造和服务型制造,打造一批网络化协同制造公共服务平台,加快形成制造业网络化产业生态体系。

7月,工业和信息化部办公厅印发《关于发布2015年两化融合管理体系贯标试点企业名单的通知》,遴选确定600家两化融合管理体系贯标试点企业。

9月,中国两化融合服务联盟举办"2015中国两化融合大会"。

12月,《工业和信息化部关于贯彻落实〈国务院关于积极推进"互联网+"行动的指导意见〉的行动计划(2015—2018年)》发布,提出"到2018年,互联网与制造业融合进一步深化,制造业数字化、网络化、智能化水平显著提高"的总体目标。

12月,根据《工业和信息化部关于贯彻落实〈国务院关于积极推进"互联网+"行动的指导意见〉行动计划(2015—2018年)》的工作安排和部署,工业和信息化部以中国两化融合服务联盟为主体组织开展工业电子商务运行形势监测分析工作,以全面摸清工业电子商务运行形势,准确把握发展趋势，有效制定支持政策措施，推动工业电子商务健康有序发展。

2016年

3月，《工业和信息化部关于开展两化深度融合创新推进2016专项行动的通知》发布。

4月，《2015全国两化融合发展数据地图》发布。

4月，工业和信息化部委托中国两化融合服务联盟、中国制造业与互联网融合发展联盟组织开展"两化融合深度行"活动。

5月，《国务院关于深化制造业与互联网融合发展的指导意见》发布。

5月，《工业和信息化部办公厅关于持续开展企业两化融合评估诊断和对标引导工作的通知》。

6月，工业和信息化部部长苗圩在《紫光阁》发表署名文章《着力推进工业供给侧结构性改革》。文章指出，要准确把握推进工业供给侧结构性改革的总体要求，要抓紧落实推进工业供给侧结构性改革的重点任务。

6月，《工业和信息化部办公厅关于公布2016年两化融合管理体系贯标试点企业名单的通知》发布，遴选确定600家两化融合管理体系贯标试点企业。

7月，中共中央办公厅、国务院办公厅印发《国家信息化发展战略纲要》。

7月，2016年机械行业两化融合推进大会在北京召开。

8月,中国两化融合服务联盟举办"2016中国两化融合大会"。

11月,《工业和信息化部关于印发信息化和工业化融合发展规划(2016—2020年)的通知》发布。

11月,工业和信息化部召开两化融合管理体系工作领导小组第三次会议。

12月,国务院印发《"十三五"国家信息化规划》。

12月,全国工业和信息化工作会议在北京召开。工业和信息化部部长苗圩做了题为"深化改革创新 促进融合发展——为加快建设制造强国和网络强国不懈努力"的报告。

2017年

2月,《工业和信息化部办公厅关于组织开展2017年制造业与互联网融合发展试点示范工作的通知》发布。

5月,《工业企业工业化和信息化融合评估——第一部分:总则和框架》通过国际标准提案投票,并经国际标准化组织中央秘书处确认,两化融合评估标准正式通过国际标准立项。

5月,《信息化和工业化融合管理体系 基础和术语》和《信息化和工业化融合管理体系 要求》两项国家标准正式发布。

7月,两项两化融合国际标准在国际电信联盟成功立项。

后　记

2007年到2017年，是我国信息化与工业化融合从起步、全面推动到欣欣向荣的十年，作为推动两化融合工作的参与者，几乎也是本人50多年生活阅历、30多年工作履历中，水墨色彩最浓重的十年。

十年，在历史长河中也许只是短促的一瞬，但对于在两化融合上全身心投入的我来说，几乎是凝结了不懈努力、无数汗水但同时也获得巨大收获的一段经历。

在我办公室的文件柜里，有几本厚厚的"信息化与工业化融合成果展"资料，我一直珍藏着，每次拿出来翻一翻，就不禁会想起在2012年那场被国家领导人高度赞许的"两化融合成果展"圆满落幕时，看着工人们拆除那些展示着两化融合繁荣成果的展台、展板时，自己的感慨万千与热泪盈眶。感慨这短短几十年，中国完成工业化改造，并进一步在两化融合上走在全球前列之际，我们肩负的历史使命和责任感。

这种使命与责任感，大概也来自于我27年从军经历中，对每一个岗位、每一份职责的清晰认识，以及对做好每一件事的坚持。

从军人到"两化融合"助推人

1986 年 8 月,我作为石家庄陆军指挥学院一名优秀学员被分配到 27 集团军,开启了我人生"伏波惟愿裹尸还,定远何须生入关",杀敌立功、镇守边疆的光荣岁月。

任团"常模连"连长时,我曾带领全连坚守 5 个阵地,士气高昂、作战勇敢,连队荣立"集体二等功"。军旅生活让我充分认识到战场的残酷,也深刻体会到军人的神圣职责,即不辱使命,临阵不退缩;既要能独立完成任务、单兵作战,也要能团结合作、协同作战。

自前线凯旋,我历任营长、师作训科长、武警北京指挥学院参谋业务教研室主任,先后荣获二等战功一次、三等功三次,并被总参评为"优秀教练员",被武警总部评为"优秀教员"和"教书育人银奖"。

戎马征途报国家,军旅生涯当无悔。部队锻炼了我的意志,也让我有了良好的身体素质,军旅生活使我练就了顽强拼搏的军人性格,也为后来的工作打下了坚实的基础。

同时,这段真实且厚重的岁月,也成为我一生的骄傲。

2007 年,在结束了 27 年的军旅生涯后,我转业来到国防科工委担任综合计划司综合计划处调研员,就此开始了我与两化融合这十年的"握手"。

21 世纪初的中国,"工业大国"的名号愈叫愈响,"世界工厂"的地位也开始蜚声海外。但伴随着新产业时代一同到来的,

后 记

是更艰巨的历史使命：不仅要推动信息化、工业化各自的长足进步，更要全力推动两化融合在打造工业强国过程中的重要历史使命。

党的十六大提出了"以信息化带动工业化，以工业化促进信息化"的理念，党的十七大进一步明确了"促进信息化与工业化融合，走新型工业化道路"，正式拉开了两化融合的大幕。但如何把它推行到社会经济的方方面面，明确"什么是融合、如何融合"，让信息化领域、工业化领域的大、中、小企业都能接受两化融合的理念并付诸行动，对我们的工作提出了极大的考验。

2008年8月，工业和信息化部正式成立，把两化融合作为立部之本及全国工业和信息化系统的主要职责和重要任务。2008年7月至今，我相继任装备工业司综合处调研员、信息化推进司产业信息化处处长、信息化和软件服务业司两化融合推进处处长，推进两化融合，成为我的工作职责和主要工作内容。

信息化与工业化融合，可以说在全球几乎没有可借鉴的经验。信息化领域和工业化领域双双高速发展的同时，也意味着要想快速实现融合并互相促进、相互提高，是需要克服很多现实难题的。

因此，在推行两化融合的初期，必须从政策制定、标准制定、试点示范、推广活动和宣传贯彻等方面，推动两化融合工作。

我们按照国务院的统一部署与工业和信息化部领导的要求，组织了《关于加快推进信息化与工业化深度融合的若干意见》

《信息化和工业化深度融合专项行动计划（2013—2018年）》《信息化和工业化融合发展规划（2016—2020）》等政策文件的编写工作。

两化融合"说易行难"，如果没有明确的标准，那么融合什么内容、怎么融合更将无章可循。因此在标准制定上，我和同事先后组织了两化融合管理体系标准和《工业企业"信息化和工业化融合"评估规范（试行）》等的研究工作，经过不断的完善，两化融合管理体系标准已被国家标准化管理委员会批准为国家标准。

当然，推进两化融合绝不是纸上谈兵，我们两个行业的无数家企业各有各的发展特点，如何让企业成为两化融合的主力军，我们做了大量的试点工作。在试点初期，我们选择了全国16个城市和地区作为两化融合试验区，围绕上百家企业开展了工业与互联网融合创新发展试验，同时，在16个省开展了工业云服务创新试点，并组织实施评估工作，同期还开展了35个工业行业7万余家企业的两化融合评估工作，经过重点研究，最终在2016年发布了一份翔实的《2015全国两化融合发展数据地图》。

在出台标准和推进试点的同时，我们组织召开了全国装备工业信息化与工业化融合经验座谈会、信息化与工业化融合成果展览会，开展了全国大企业"双创"活动等项目。基于上述努力，"制造业与互联网融合发展迈出坚实步伐"入选了工业和信息化部2016年十大重要事件，并在国务院大督查行动中获得了表彰。

工作之余,我还在两化深度融合的理论研究上投入了很多热情,编著了《首席信息官的崛起》《数据领袖》两本书,参与编撰了"制造业+互联网"系列丛书,并在《人民日报》《信息技术》等国家级、省部级报刊发表各类学术文章60余篇。其中,2016年撰写的《关于全国大企业"双创"典型经验的报告》还获得了第三届中央国家机关公文写作技能大赛二等奖。

记忆犹新的时刻

工作这些年,苦辣酸甜经历过很多,工作中的许多小事也无法一一列举,但有这样几件事情,给我留下了异常深刻的印象,即使多年过去也始终记忆犹新。

第一件事情发生在2009年12月。当时,为了筹备全国装备工业信息化与工业化融合经验座谈会,我连续数天加班,最后体力不支、累到住院。要知道,当年在部队里,我还曾获评过"健美标兵",各项比拼成绩都名列前茅。即使工作再辛苦,我也从没想过自己的身体会出问题。

到医院时,我的情况一度比较危险,最终逢凶化吉,这也让我第一次意识到,身体好才是一切的前提,无论如何都不应该过度"消费"健康。当时,司领导亲自安排我住院、手术,部领导去医院探望我的情景至今仍历历在目。领导的关心、支持以及殷切期望让我颇为感动,在病愈后,我重新以饱满的热情投入到工作中去,但更加注重工作与生活的平衡,借助各种运动释放精神与身体上的压力。

第二件事情发生在 2012 年。为向全社会全面展示工业和信息化部成立以来在两化融合推进工作中取得的成绩，我们组织召开了信息化与工业化融合成果展览会。展览会涉及工业和信息化全系统各个单位和 300 多家大型集团企业，需要协调处理的工作非常多，但留给我们的筹备时间却仅有四个半月，我不敢有一丝懈怠，即使再小的细节，我也亲自把关。展位主题色、书稿的设计等，都是我和我的同事们经过反复修改、磨合后定下的最优方案。

在展会筹备末期，我连续工作 100 多天，几乎天天加班。特别是展会筹备的最后阶段，工作压力和强度特别大，有时候需要连轴转，但是我没有怨言，而且干劲十足，我深深地感到举办这样高规格的展会，对于从宏观层面推动工作，对于贯彻落实两化融合是立部之本和全系统共同责任这一方针，具有不可替代的重要作用，能够参与这项工作，我倍感荣幸。

成果展前夜，我在月色中再次来到了展馆，展馆戒备森严，训练有素的警犬们还在进行安全排查。进入展馆后，看着各项成果一字排开陈列，万千思绪突然涌上心头。是时候了，是时候让我们这么久的辛苦工作接受国家和社会各界的检阅了。那是我人生中非常难忘的一晚，那一份期待中夹杂着紧张的情绪至今让我难以忘怀。

第三件事情发生在 2014 年 3 月至 2015 年 6 月的机构调整期间。当时信息化推进司很多人调入网信办工作，考虑到两化融合工作的重要性和艰巨性，我主动向组织申请留下。也许在其他人眼里，我应该在其他岗位上向着重要职位"更进一步"，但在当时的那一刻，我真正意识到，两化融合对于我来说，已经不仅仅是一份工作了，它更是我必须为之奋斗的事业。我亲身经历着它的发展，为它的进步奔走付出，在发展遇到阻碍时，寻求各种解决办法。在编制不健全、人员非常紧缺、两化融合工作只能加强不能削弱的情况下，我与借调同志们克服种种困难，成功举办了两化融合贯标成果展，高质量地完成了国务院领导的批示、指示，参与了《国务院关于信息化建设及推动信息化和工业化深度融合发展工作情况的报告》的撰写和审议，有力地保障了机构调整前后两化融合推进工作的延续性。

这也让我更加坚信，坚持把每一个细节做好，才能成就一份大的事业。

"十年"路口的展望

2017年5月，《工业企业工业化和信息化融合评估——第一部分：总则和框架》通过国际标准提案投票，并经国际标准化组织中央秘书处确认，两化融合评估标准正式通过国际标准立项，这极大地促进了两化融合中国经验的推广。此外，《信息化和工业化融合管理体系 基础和术语》和《信息化和工业化融合管理体系 要求》两项国家标准也正式发布，标志着我国两化融合管理体系的进一步发展和完善。

成绩面前，我不忘提醒自己保持谦虚谨慎的工作态度和高涨的工作热情。不断创新工作方式和方法，让我们的工作也更加与时俱进,在工作岗位上认真地履行好职责。

站在两化融合十年的路口,回望过去的工作,所有的付出都收获了相应的回报。辛苦与困难都不算什么,那都是宝贵的经验和人生财富。向前看,也还有更值得继续为之努力的事业。

非常值得庆幸的是,在国际上无经验可参考的中国两化融合已经取得了相当醒目的成绩,我参与到了这一场信息改变制造的历史性事件中,付出了最大的努力,也收获了广泛的认可。

移动互联网、云计算、大数据、物联网等技术在制造业领域创新应用,使材料、设备、产品和用户之间能够在线连接和实时交互;智能机器人、无人驾驶的智能汽车把人从加工生产、驾驶汽车等工作中解放出来,有力地促进了生产力的发展。这一切,都将借力信息化与工业化的深度融合,在"互联网+"的渗透下,引领制造业向"数字化、网络化、智能化"方向转型升级,推动"物联网+工业""云计算+工业""移动互联网+工业""网络众包+工业"等模式,通过互联网与工业的聚合裂变,实现工业大国向工业强国的迈进。

我可以骄傲地说,这其中有我的付出和努力,我也是这场两化融合革命的见证人。

感谢

让我感到更幸运的是,我的家人、同事、朋友始终支持、陪伴着我。他们给了我莫大的鼓励和支持,正是有了他们的鼓励、支持和陪伴,才让我能够不断进取走到今天。虽然工作是

后 记

辛苦的,但是我从来没有觉得自己是一个人在战斗,感恩我的父母,感谢儿女的支持,特别感谢我的夫人熊新,是她默默无闻操持家务,解除了后顾之忧,让我可以全心全意投入工作。

在本书即将付梓之际,衷心感谢冯旭、朱敏、李铮、王宣、陈杰、高晓雨、姚磊、胡璇、陶元、王彦等多位同志在资料收集、整理及编辑出版工作过程中付出的努力。

在这个所有人都在匆忙赶路的时代,人们往往追求速成,凡事找捷径。静下心来数十年如一日做同一件事情因此更显得难能可贵。

这是我和两化融合的"十年故事",感谢你们的倾听!也希望这本书的内容能够带给你以思考和启发。当然,两化融合这项事业十年还远远没有完结。思想不乱、工作不断、队伍不散,在接下来的工作生涯中,我将继续为这份令我自豪的事业而奋斗。

2017 年 6 月